本書の特色と使い方

4段階のステップ学習で、豊かな学力が形成されます。

「音読」「なぞり書き」「書き写し」「暗唱」の4段階のシートで教科書教材を深く理解でき、ゆっくり学んでいくうちに、豊かな学力が形成されます。

ゆっくりていねいに、段階を追った学習ができます。

問題量を少なくした、ゆったりとした紙面構成で、読み書きが苦手な子どもでも、ゆっくりていねいに、段階を追って学習することができます。また、漢字が苦手な子どもでも、学習意欲が減退しないように、問題文の全てにかな文字を記載しています。

光村図書・東京書籍・教育出版の国語教科書から抜粋した詩・物語・説明文教材の問題などを掲載しています。

教科書掲載教材を使用して、授業の進度に合わせて予習・復習ができます。三社の優れた教科書教材を掲載しておりますので、ぜひご活用ください。

どの子も理解できるよう、お手本や例文を記載しています。

問題の考え方や答えの書き方の理解を補助するものとして、はじめに、なぞり書きのできるグレー文字のお手本があります。また、文作りでは例文も記載しています。

あたたかみのあるイラストで、文作りの場面理解を支援しています。

わかりやすいイラストで、文章の理解を深めます。生活の場面をイラストにして、そのイラストに言葉をそえています。イラストにそえられた言葉を手がかりに、子ども自らが文を作れるように配慮してあります。また、イラストの色塗りなども楽しめます。

支援教育の専門の先生の指導をもとに、本書を作成しています。

教科書の内容や構成を研究し、小学校の特別支援学級や支援教育担当の先生方、専門の研究者の先生方のアドバイスをもとに問題を作成しています。

ークシートの解答例について（お家の方や先生方へ）

本書の解答は、あくまでもひとつの「解答例」です。お子さまに取り組ませる前に、必ず指導される方が問題を解いてください。指導される方の作られた解答をもとに、お子さまの多様な考えに寄り添って〇つけをお願いします。

もっとゆっくりていねいに学べる　作文ワーク基礎編
（光村図書・東京書籍・教育出版の教科書教材より抜粋）

5—②　目次

書《か》き写《うつ》し・音《おん》読《どく》・暗《あん》唱《しょう》

【物語】　たずねびと

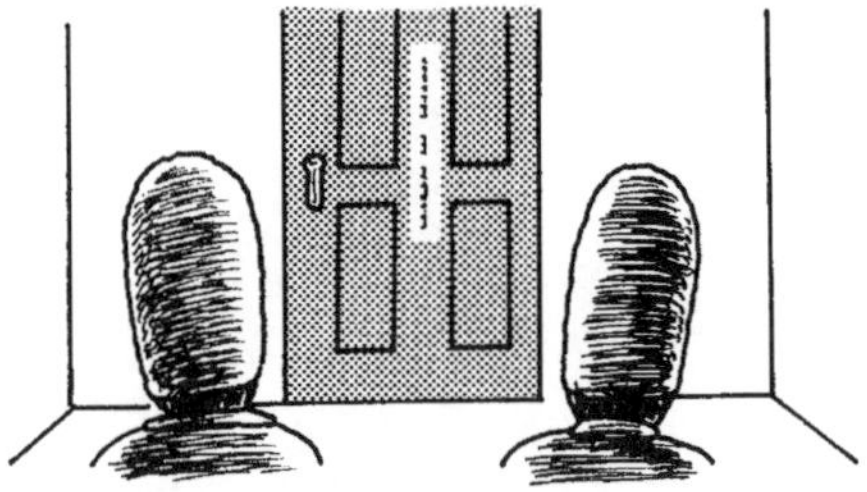

文《ぶん》作《づく》り

書き写し・音読・暗唱　シートの見分け方

 …音読・なぞり書き
 …音読・書き写し
 …音読・覚える・なぞり書き
 …暗唱・覚えて書く

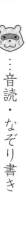

たずねびと ①

名前

文章《ぶんしょう》を音読《おんどく》してから、書《か》き写《うつ》しましょう。

「何《なん》十《じゅう》年《ねん》も、だれにもむかえに来《き》てもらえないなんて、どうしてなんですか。」

「もしかしたら、家《か》族《ぞく》もみんなぎせいになったのかもしれんね。

★書《か》き終《お》わったら、もう一度《いちど》、音読《おんどく》しましょう。

（令和二年度版　光村図書　国語　五　銀河　朽木　祥）

たずねびと ②

名前

文章《ぶんしょう》を音読《おんどく》してから、書《か》き写《うつ》しましょう。

じゃが、（だけど、）今《いま》でも、どこぞで帰《かえ》りを待《ま》っとる人《ひと》もあるかもしれんと、望《のぞ》みはすてずにおりますがの」。

★書《か》き終《お》わったら、もう一度《いちど》、音読《おんどく》しましょう。

（令和二年度版　光村図書　国語　五　銀河　朽木　祥）

たずねびと ③

名前

文章《ぶんしょう》を音読《おんどく》してから、書《か》き写《うつ》しましょう。

「──あの、ポスターにね、わたしと名前《なまえ》が同《おな》じ女《おんな》の子《こ》がいたんです。わたし、クスノキアヤっていうんですけど」。

★書《か》き終《お》わったら、もう一度《いちど》、音読《おんどく》しましょう。

（令和二年度版　光村図書　国語　五　銀河　朽木　祥）

たずねびと ④

名前

文章《ぶんしょう》を音読《おんどく》してから、書《か》き写《うつ》しましょう。

おばあさんの顔《かお》がぱっと
かがやいた。お兄《にい》ちゃんが
あわてた様子《ようす》で付《つ》け足《た》した。
「遺族《いぞく》とか、知《し》り合《あ》いとか
じゃないんです。

★書《か》き終《お》わったら、もう一度《いちど》、音読《おんどく》しましょう。

（令和二年度版　光村図書　国語　五　銀河　朽木　祥）

たずねびと ⑤

文章《ぶんしょう》を音読《おんどく》してから、書《か》き写《うつ》しましょう。

名前

ただ年《ねん》れいまでいっしょだ
ったから、妹《いもうと》がすごく心《こころ》に
残《のこ》ったみたいで――」。
それを聞《き》くと、おばあさん
はだまりこんでしまった。

★書《か》き終《お》わったら、もう一度《いちど》、音読《おんどく》しましょう。

（令和二年度版　光村図書　国語　五　銀河　朽木　祥）

たずねびと　⑥

名前

文章《ぶんしょう》を音読《おんどく》してから、書《か》き写《うつ》しましょう。

わたしはこまってお兄《にい》ちゃんを見《み》た――おばあさんをがっかりさせてしまったにちがいないと思《おも》ったのだ。だが、そうではなかった。

★書《か》き終《お》わったら、もう一度《いちど》、音読《おんどく》しましょう。

（令和二年度版　光村図書　国語　五　銀河　朽木　祥）

たずねびと ⑦

名前

文章《ぶんしょう》を音読《おんどく》してから、書《か》き写《うつ》しましょう。

おばあさんは、ほうきとちりとりをわきに置《お》くと、しゃがんで供養塔《くようとう》に手《て》を合《あ》わせ、こう言《い》ったのだ。

「アヤちゃん、よかったねえ。

供塔

★書《か》き終《お》わったら、もう一度《いちど》、音読《おんどく》しましょう。

（令和二年度版　光村図書　国語　五　銀河　朽木　祥）

たずねびと ⑧

名前

文章《ぶんしょう》を音読《おんどく》してから、書《か》き写《うつ》しましょう。

もう一人《ひとり》のアヤちゃんが
あなたに会《あ》いに来《き》てくれ
たよ」。
やがておばあさんは顔《かお》を
上《あ》げると、

★書《か》き終《お》わったら、もう一度《いちど》、音読《おんどく》しましょう。

（令和二年度版　光村図書　国語　五　銀河　朽木　祥）

たずねびと ⑨

名前

文章《ぶんしょう》を音読《おんどく》してから、書《か》き写《うつ》しましょう。

しわだらけの顔《かお》いっぱいに、もっとしわをきざんでわたしに笑《わら》いかけた。目《め》には光《ひか》るものがあったので、泣《な》き笑《わら》いみたいな表情《ひょうじょう》だった。

★書《か》き終《お》わったら、もう一度《いちど》、音読《おんどく》しましょう。

（令和二年度版　光村図書　国語　五　銀河　朽木　祥）

たずねびと ⑩

名前

文章《ぶんしょう》を音読《おんどく》してから、書《か》き写《うつ》しましょう。

「この楠《くすの》木《き》アヤちゃんの夢《ゆめ》やら希望《きぼう》やらが、あなたの夢《ゆめ》や希望《きぼう》にもなって、かなうとええねえ。元気《げんき》で長《なご》う生《い》きて、幸《しあわ》せにおくらしなさいよ」。

★書《か》き終《お》わったら、もう一度《いちど》、音読《おんどく》しましょう。

（令和二年度版　光村図書　国語　五　銀河　朽木　祥）

たずねびと ⑪

名前

文章《ぶんしょう》を音読《おんどく》してから、書《か》き写《うつ》しましょう。

わたしははずかしくなって下《した》を向《む》いてしまった。そんなことは考《かんが》えたこともなかったからだ。

別《わか》れぎわ、小《ちい》さなおばあさんは見《み》上《あ》げるようにして

★書《か》き終《お》わったら、もう一度《いちど》、音読《おんどく》しましょう。

（令和二年度版　光村図書　国語　五　銀河　朽木　祥）

たずねびと ⑫

名前

文章《ぶんしょう》を音読《おんどく》してから、書《か》き写《うつ》しましょう。

わたしの手《て》を取《と》った。
「どうか、この子《こ》のことを
――アヤちゃんのことを、
ずっとわすれんでおってね」。

★書《か》き終《お》わったら、もう一度《いちど》、音読《おんどく》しましょう。

（令和二年度版　光村図書　国語　五　銀河　朽木　祥）

季節《きせつ》の言葉《ことば》　秋《あき》の夕暮《ゆうぐ》れ

枕草子《まくらのそうし》

①

名前

文章《ぶんしょう》を音読《おんどく》してから、書《か》き写《うつ》しましょう。

秋《あき》は夕暮《ゆうぐ》れ。夕日《ゆうひ》のさして山《やま》の端《は》いと近う（ちこう）なりたるに、烏《からす》のねどころへ行《い》くとて、三《み》つ四《よ》つ、二《ふた》つ三《み》つなど、飛《と》びいそぐさへ（え）あはれ（わ）なり。

★書《か》き終《お》わったら、もう一度《いちど》、音読《おんどく》しましょう。

（令和二年度版　光村図書　国語　五　銀河「季節の言葉３　秋の夕暮れ」による）

※「枕草子」の教材は、令和二年度版　東京書籍　新しい国語　五　にも掲載されています。

季節《きせつ》の言葉《ことば》 秋《あき》の夕暮《ゆうぐ》れ 枕草子《まくらのそうし》 ②

名前

文章《ぶんしょう》を音読《おんどく》してから、書《か》き写《うつ》しましょう。

まいて雁《かり》などのつらねたるが、いと小《ちい》さく見《み》ゆるはいとを《（お）》かし。日《ひ》入《い》り果《は》てて、風《かぜ》の音《おと》、虫《むし》の音《ね》など、はた言《い》ふ《（う）》べきにあらず。

★書《か》き終《お》わったら、もう一度《いちど》、音読《おんどく》しましょう。

（令和二年度版 光村図書 国語 五 銀河「季節の言葉3 秋の夕暮れ」による）

※「枕草子」の教材は、令和二年度版 東京書籍 新しい国語 五 にも掲載されています。

季節《きせつ》の言葉《ことば》 秋《あき》の夕暮《ゆうぐ》れ
枕草子《まくらのそうし》

③

名前

文章《ぶんしょう》を音読《おんどく》して、覚《おぼ》えましょう。また、文章《ぶんしょう》を書《か》きましょう。

秋《あき》は夕暮《ゆうぐ》れ。夕日《ゆうひ》のさして山《やま》の端《は》いと近う《(ちこう)》なりたるに、烏《からす》のねどころへ行《い》くとて、三《み》つ四《よ》つ、二《ふた》つ三《み》つなど、飛《と》びいそぐさへ《(え)》あは《(わ)》れなり。まいて雁《かり》などのつらねたるが、いと小《ちい》さく見《み》ゆるはいとを《(お)》かし。日《ひ》入《い》り果《は》てて、風《かぜ》の音《おと》、虫《むし》の音《ね》など、はた言《い》ふ《(う)》べきにあらず。

★書《か》き終《お》わったら、もう一度《いちど》、音読《おんどく》しましょう。

(令和二年度版 光村図書 国語 五 銀河 「季節の言葉3 秋の夕暮れ」による)

※「枕草子」の教材は、令和二年度版 東京書籍 新しい国語 五 にも掲載されています。

季節《きせつ》の言葉《ことば》　秋《あき》の夕暮《ゆうぐ》れ
枕草子《まくらのそうし》　④

名前

文章《ぶんしょう》を暗唱《あんしょう》しましょう。覚《おぼ》えたら書《か》きましょう。

秋《あき》夕《ゆう》暮《ぐ》夕《ゆう》《ひ》
山《やま》端《は》近う（ちこう）
烏《からす》行《い》
三《み》《よ》二《ふた》《み》
飛《と》へ（え）あは（わ）
ま雁《かり》つ
い《ちい》見《み》
いを（お）日《ひ》《い》《は》
風《かぜ》《おと》虫《むし》音《ね》、
は《い》ふ（う）あ

★書《か》き終《お》わったら、もう一度《いちど》、音読《おんどく》しましょう。

（令和二年度版　光村図書　国語　五　銀河「季節の言葉3　秋の夕暮れ」による）
※「枕草子」の教材は、令和二年度版　東京書籍　新しい国語　五　にも掲載されています。

固有種《こゆうしゅ》が教《おし》えてくれること ①

名前

文章《ぶんしょう》を音読《おんどく》してから、書《か》き写《うつ》しましょう。

ウサギといえば、耳《みみ》が長《なが》くてぴょんぴょんはねる、鳴《な》かない動物《どうぶつ》――そう考《かん》える人《ひと》が多《おお》いのではないでしょうか。

★書《か》き終《お》わったら、もう一度《いちど》、音読《おんどく》しましょう。

（令和二年度版　光村図書　国語　五　銀河　今泉　忠明）

固有種《こゆうしゅ》が教《おし》えてくれること ②

名前

文章《ぶんしょう》を音読《おんどく》してから、書《か》き写《うつ》しましょう。

しかし、アマミノクロウサギという種《しゅ》はちがいます。耳《みみ》は約《やく》五《ご》センチメートルと短《みじか》く、ジャンプ力《りょく》は弱《よわ》く、そのうえ「ピシー」という高《たか》い声《こえ》で鳴《な》くのです。

★書《か》き終《お》わったら、もう一度《いちど》、音読《おんどく》しましょう。

（令和二年度版　光村図書　国語　五　銀河　今泉　忠明）

固有種《こゆうしゅ》が教《おし》えてくれること　③

名前

文章《ぶんしょう》を音読《おんどく》してから、書《か》き写《うつ》しましょう。

このウサギは、日本《にほん》だけに生《せい》息《そく》しています。このような、特定《とくてい》の国《くに》やちいきにしかいない動植物《どうしょくぶつ》のことを「固有種《こゆうしゅ》」といいます。

★書《か》き終《お》わったら、もう一度《いちど》、音読《おんどく》しましょう。

（令和二年度版　光村図書　国語　五　銀河　今泉　忠明）

固有種《こゆうしゅ》が教《おし》えてくれること ④

名前

文章《ぶんしょう》を音読《おんどく》してから、書《か》き写《うつ》しましょう。

固有種《こゆうしゅ》には、古《ふる》い時代《じだい》から生《い》き続《つづ》けている種《しゅ》が多《おお》くいます。アマミノクロウサギも、およそ三《さん》百《びゃく》万《まん》年《ねん》以上《いじょう》前《まえ》からほぼそのままのすがたで生《い》きてきたとされる、

★書《か》き終《お》わったら、もう一度《いちど》、音読《おんどく》しましょう。

（令和二年度版　光村図書　国語　五　銀河　今泉　忠明）

固有種《こゆうしゅ》が教《おし》えてくれること ⑤

名前

文章《ぶんしょう》を音読《おんどく》してから、書《か》き写《うつ》しましょう。

めずらしいウサギです。このウサギと比《くら》べることで、「耳《みみ》が長《なが》い」「ぴょんぴょんはねる」「鳴《な》かない」というふつうのウサギの特徴《とくちょう》が、

徴

★書《か》き終《お》わったら、もう一度《いちど》、音読《おんどく》しましょう。

（令和二年度版　光村図書　国語　五　銀河　今泉　忠明）

固有種《こゆうしゅ》が教《おし》えてくれること ⑥

名前

文章《ぶんしょう》を音読《おんどく》してから、書《か》き写《うつ》しましょう。

長《なが》い進化《しんか》の過程《かてい》で手《て》に入《い》れられたものなのだということが分《わ》かります。固有種《こゆうしゅ》と他《ほか》の種《しゅ》とを比《くら》べることは、生物《せいぶつ》の進化《しんか》の研究《けんきゅう》にとても役立《やくだ》つのです。

★書《か》き終《お》わったら、もう一度《いちど》、音読《おんどく》しましょう。

（令和二年度版　光村図書　国語　五　銀河　今泉　忠明）

固有種《こゆうしゅ》が教《おし》えてくれること ⑦

名前

文章《ぶんしょう》を音読《おんどく》してから、書《か》き写《うつ》しましょう。

日本《にほん》には、固有種《こゆうしゅ》がたくさん生息《せいそく》するゆたかな環境《かんきょう》があります。わたしは、この固有種《こゆうしゅ》たちがすむ日本《にほん》の環境《かんきょう》を、できるだけ残《のこ》していきたいと考《かんが》えています。

★書《か》き終《お》わったら、もう一度《いちど》、音読《おんどく》しましょう。

（令和二年度版　光村図書　国語　五　銀河　今泉　忠明）

固有種《こゆうしゅ》が教《おし》えてくれること ⑧

名前

文章《ぶんしょう》を音読《おんどく》してから、書《か》き写《うつ》しましょう。

今《いま》、絶滅《ぜつめつ》が心配《しんぱい》されている固《こ》有《ゆう》種《しゅ》が数多《かずおお》くいます。

絶滅《ぜつめつ》してしまうと、その動物《どうぶつ》には二度《にど》と会《あ》うことができなくなります。

★書《か》き終《お》わったら、もう一度《いちど》、音読《おんどく》しましょう。

（令和二年度版　光村図書　国語　五　銀河　今泉　忠明）

固有種《こゆうしゅ》が教《おし》えてくれること ⑨

名前

文章《ぶんしょう》を音読《おんどく》してから、書《か》き写《うつ》しましょう。

数万《すうまん》から数百万年《すうひゃくまんねん》もの間《あいだ》生《せい》き続《つづ》けてきた固有種《こゆうしゅ》は、生物《ぶつ》の進化《しんか》や日本列島《にほんれっとう》の成《な》り立《た》ちの生《い》き証人《しょうにん》としてきちような存在《そんざい》です。

存

★書《か》き終《お》わったら、もう一度《いちど》、音読《おんどく》しましょう。

（令和二年度版　光村図書　国語　五　銀河　今泉　忠明）

固有種《こゆうしゅ》が教《おし》えてくれること ⑩

名前

文章《ぶんしょう》を音読《おんどく》してから、書《か》き写《うつ》しましょう。

また、日本列島《にほんれっとう》のゆたかで

多様《たよう》な自然環境《しぜんかんきょう》が守《まも》られて

環

いることのあかしでもあり

ます。その固有種《こゆうしゅ》は、この

日本《にほん》でしか生《い》きていくこと

ができません。ですから、

★書《か》き終《お》わったら、もう一度《いちど》、音読《おんどく》しましょう。

（令和二年度版　光村図書　国語　五　銀河　今泉　忠明）

固有種《こゆうしゅ》が教《おし》えてくれること ⑪

名前

文章《ぶんしょう》を音読《おんどく》してから、書《か》き写《うつ》しましょう。

わたしたちは、固有種《こゆうしゅ》がすむ日本《にほん》の環境《かんきょう》をできる限《かぎ》り残《のこ》していかなければなりません。それが、日本《にほん》にくらすわたしたちの責任《せきにん》なのではないでしょうか。

★書《か》き終《お》わったら、もう一度《いちど》、音読《おんどく》しましょう。

（令和二年度版　光村図書　国語　五　銀河　今泉　忠明）

雪《ゆき》わたり ①

名前

文章《ぶんしょう》を音読《おんどく》してから、書《か》き写《うつ》しましょう。

キックキックトントントン、

キックキックトントントン。

「昼《ひる》はカンカン日《ひ》の光《ひかり》

夜《よる》はツンツン月《つき》明《あ》かり

★書《か》き終《お》わったら、もう一度《いちど》、音読《おんどく》しましょう。

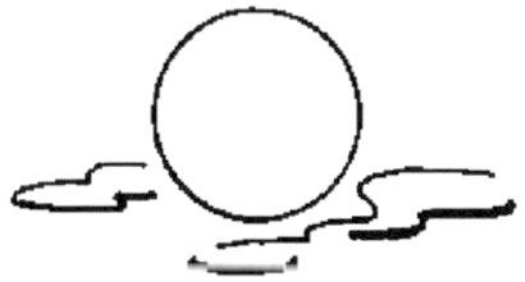

（令和二年度版　教育出版　ひろがる言葉　小学国語　五下　宮沢　賢治）

雪《ゆき》わたり　②

名前

文章《ぶんしょう》を音読《おんどく》してから、書《か》き写《うつ》しましょう。

たとえ体《からだ》をさかれても

きつねの生《せい》徒《と》は

うそ言《い》うな」。

キック、キックトントントン、

キックキックトントン。

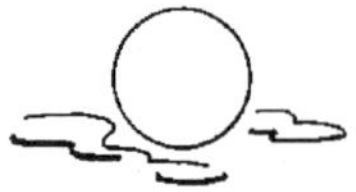

★書《か》き終《お》わったら、もう一度《いちど》、音読《おんどく》しましょう。

（令和二年度版　教育出版　ひろがる言葉　小学国語　五下　宮沢　賢治）

雪《ゆき》わたり ③

名前

文章《ぶんしょう》を音読《おんどく》してから、書《か》き写《うつ》しましょう。

「昼《ひる》はカンカン日《ひ》の光《ひかり》
夜《よる》はツンツン月《つき》明《あ》かり
たとえこごえて
たおれても
きつねの生徒《せいと》は
ぬすまない」。

★書《か》き終《お》わったら、もう一度《いちど》、音読《おんどく》しましょう。

（令和二年度版　教育出版　ひろがる言葉　小学国語　五下　宮沢　賢治）

雪《ゆき》わたり ④

名前

文章《ぶんしょう》を音読《おんどく》してから、書《か》き写《うつ》しましょう。

キックキックトントントン、

キックキックトントン。

「昼《ひる》はカンカン日《ひ》の光《ひかり》

夜《よる》はツンツン月明《つきあ》かり

★書《か》き終《お》わったら、もう一度《いちど》、音読《おんどく》しましょう。

（令和二年度版　教育出版　ひろがる言葉　小学国語　五下　宮沢　賢治）

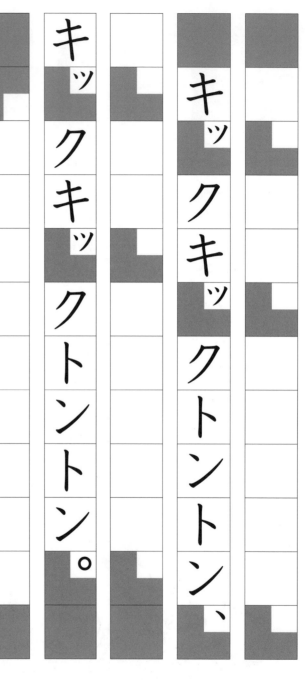

雪《ゆき》わたり ⑤

名前

文章《ぶんしょう》を音読《おんどく》してから、書《か》き写《うつ》しましょう。

たとえ体《からだ》がちぎれても
きつねの生徒《せいと》は
そねまない」。
キックキックトントン、
キックキックトントン。

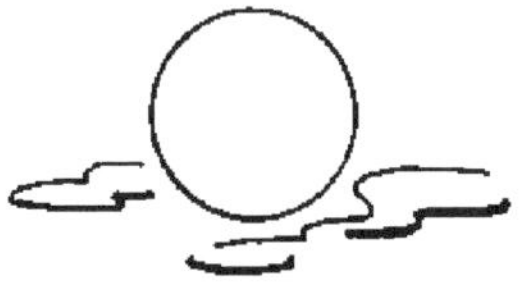

★書《か》き終《お》わったら、もう一度《いちど》、音読《おんどく》しましょう。

（令和二年度版　教育出版　ひろがる言葉　小学国語　五下　宮沢　賢治）

雪《ゆき》わたり　⑥

文章《ぶんしょう》を音読《おんどく》してから、書《か》き写《うつ》しましょう。

名前

「みなさん。今晩《こんばん》の幻灯《げんとう》は
これでおしまいです。今《こん》夜《や》みなさんは、深《ふか》く心《こころ》にとめなければならないことがあります。

★書《か》き終《お》わったら、もう一度《いちど》、音読《おんどく》しましょう。

（令和二年度版　教育出版　ひろがる言葉　小学国語　五下　宮沢　賢治）

雪《ゆき》わたり　⑦

文章《ぶんしょう》を音読《おんどく》してから、書《か》き写《うつ》しましょう。

名前

それは、きつねのこしらえたものを、かしこい少《すこ》しもよわない人間《にんげん》のお子《こ》さんが食《た》べてくださったということです。そこでみなさんは、これからも、

★書《か》き終《お》わったら、もう一度《いちど》、音読《おんどく》しましょう。

（令和二年度版　教育出版　ひろがる言葉　小学国語　五下　宮沢　賢治）

雪《ゆき》わたり ⑧

文章《ぶんしょう》を音読《おんどく》してから、書《か》き写《うつ》しましょう。

名前

大人《おとな》になっても、うそをつかず、人《ひと》をそねまず、わたしどもきつねの今《いま》までの悪《わる》い評判《ひょうばん》をすっかりなくしてしまうだろうと思《おも》います。閉会《へいかい》の辞《じ》です。」

★書《か》き終《お》わったら、もう一度《いちど》、音読《おんどく》しましょう。

（令和二年度版　教育出版　ひろがる言葉　小学国語　五下　宮沢　賢治）

雪《ゆき》わたり ⑨

名前

文章《ぶんしょう》を音読《おんどく》してから、書《か》き写《うつ》しましょう。

きつねの生徒《せいと》は、みんな感動《かんどう》して、両手《りょうて》を上《あ》げ、ワーッと立《た》ち上《あ》がりました。

そして、キラキラなみだをこぼしたのです。

★書《か》き終《お》わったら、もう一度《いちど》、音読《おんどく》しましょう。

（令和二年度版　教育出版　ひろがる言葉　小学国語　五下　宮沢　賢治）

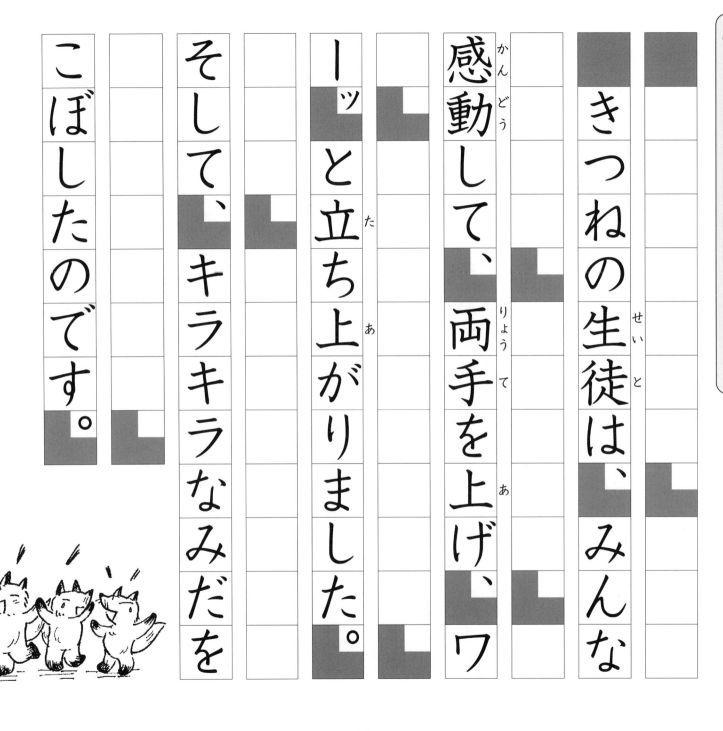

雪《ゆき》わたり ⑩

名前

文章《ぶんしょう》を音読《おんどく》してから、書《か》き写《うつ》しましょう。

紺三郎《こんざぶろう》が、二人《ふたり》の前《まえ》に来《き》て、ていねいにおじぎをして言《い》いました。

「それでは。さようなら。今夜《こんや》のごおんは決《けっ》してわすれません」。

★書《か》き終《お》わったら、もう一度《いちど》、音読《おんどく》しましょう。

（令和二年度版　教育出版　ひろがる言葉　小学国語　五下　宮沢　賢治）

雪《ゆき》わたり ⑪

文章《ぶんしょう》を音読《おんどく》してから、書《か》き写《うつ》しましょう。

名前

　二人《ふたり》も、おじぎをして、うちの方《ほう》へ帰《かえ》りました。きつねの生徒《せいと》たちが、追《お》いかけてきて、二人《ふたり》のふところやかくしに、

★書《か》き終《お》わったら、もう一度《いちど》、音読《おんどく》しましょう。

（令和二年度版　教育出版　ひろがる言葉　小学国語　五下　宮沢　賢治）

雪《ゆき》わたり　⑫

文章《ぶんしょう》を音読《おんどく》してから、書《か》き写《うつ》しましょう。

名前

どんぐりだのくりだのくりだの青光《あおびか》りの石《いし》だのを入《い》れて、

「そら、あげますよ」。

「そら、取《と》ってください」。

なんて言《い》って、風《かぜ》のようににげ帰《かえ》っていきます。

★書《か》き終《お》わったら、もう一度《いちど》、音読《おんどく》しましょう。

（令和二年度版　教育出版　ひろがる言葉　小学国語　五下　宮沢　賢治）

紙風船《かみふうせん》 ①

名前

詩《し》を音読《おんどく》してから、書《か》き写《うつ》しましょう。

紙風船《かみふうせん》

黒田《くろだ》　三郎《さぶろう》

落《お》ちて来《き》たら
今度《こんど》は
もっと高《たか》く
もっともっと高《たか》く

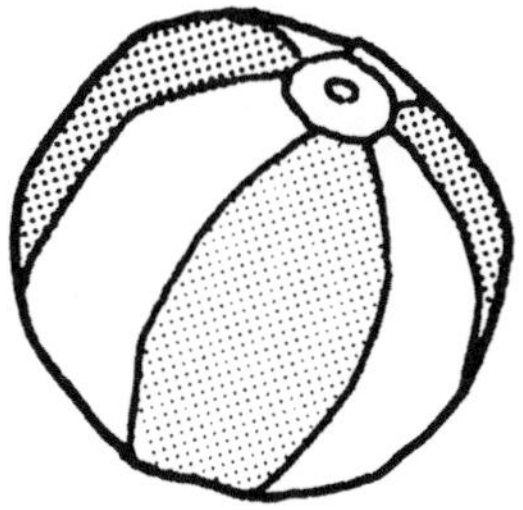

★書《か》き終《お》わったら、もう一度《いちど》、音読《おんどく》しましょう。

（令和二年度版　東京書籍　新しい国語　五　黒田　三郎）

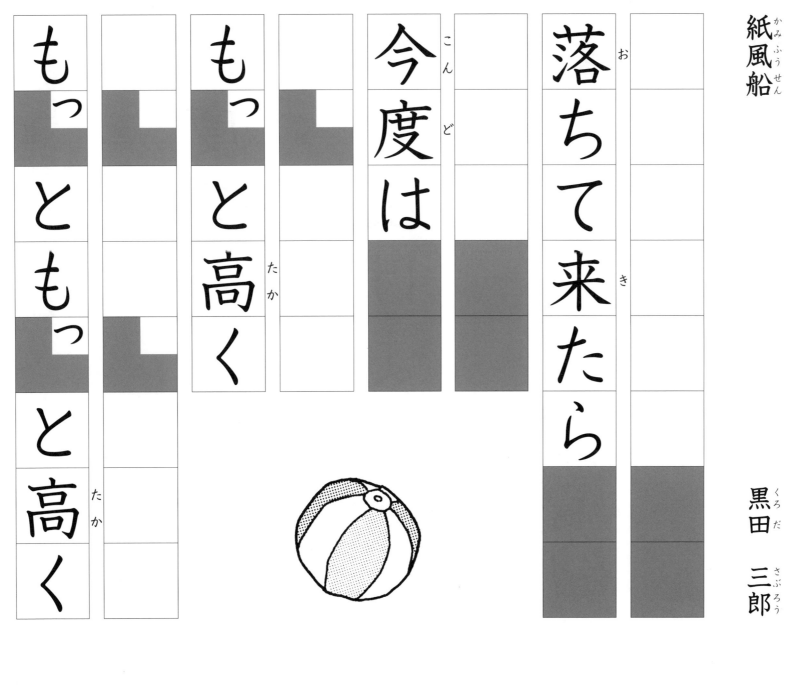

紙風船《かみふうせん》　②

詩《し》を音読《おんどく》してから、書《か》き写《うつ》しましょう。

名前

何度《なんど》でも

打《う》ち上《あ》げよう

美《うつく》しい

願《ねが》いごとのように

★書《か》き終《お》わったら、もう一度《いちど》、音読《おんどく》しましょう。

（令和二年度版　東京書籍　新しい国語　五　黒田　三郎）

紙風船《かみふうせん》 ③

名前

詩《し》を音読《おんどく》して、覚《おぼ》えましょう。また、詩《し》を書《か》きましょう。

紙風船《かみふうせん》

黒田《くろだ》　三郎《さぶろう》

落《お》ちて来《き》たら
今度《こんど》は
もっと高《たか》く
もっともっと高《たか》く
何度《なんど》でも
打《う》ち上《あ》げよう
美《うつく》しい
願《ねが》いごとのように

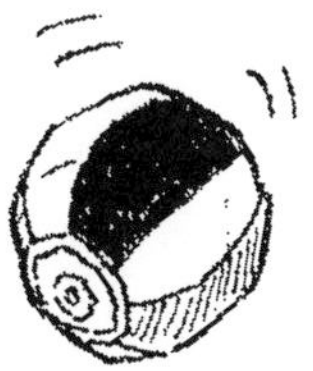

★書《か》き終《お》わったら、もう一度《いちど》、音読《おんどく》しましょう。

（令和二年度版　東京書籍　新しい国語　五　黒田　三郎）

紙風船《かみふうせん》 ④

名前

詩《し》を暗唱《あんしょう》しましょう。覚《おぼ》えたら書《か》きましょう。

紙風船《かみふうせん》

黒田《くろだ》　三郎《さぶろう》

落《お》　き
今《こん》　ど
も　たか
も　高《たか》
何《なん》　ど
打《う》　あ
美《うつく》
願《ねが》　よ

★書《か》き終《お》わったら、もう一度《いちど》、音読《おんどく》しましょう。

（令和二年度版　東京書籍　新しい国語　五　黒田　三郎）

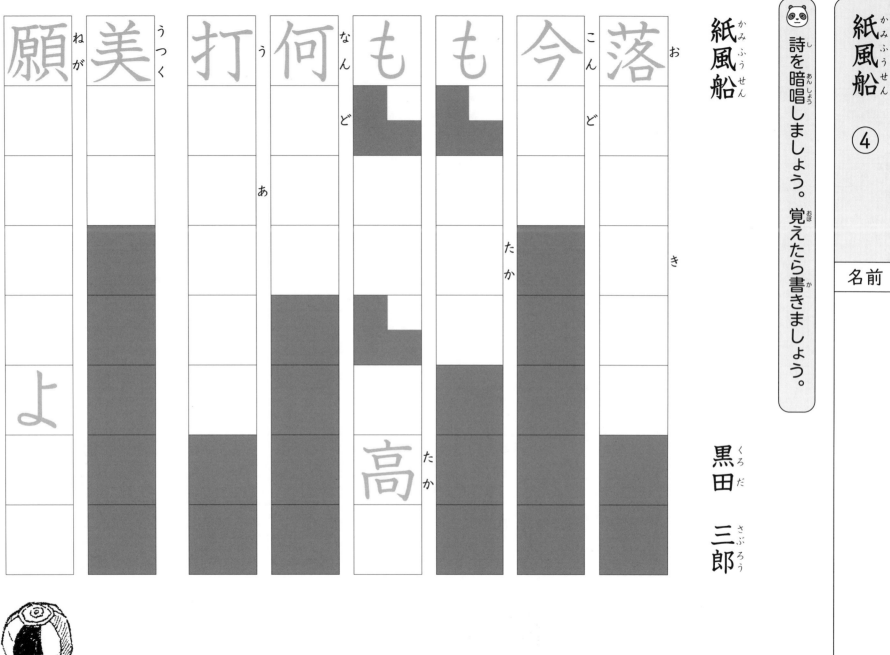

水《みず》のこころ ①

名前

詩《し》を音読《おんどく》してから、書《か》き写《うつ》しましょう。

水《みず》のこころ

高田《たかだ》　敏子《としこ》

水《みず》は　つかめません
水《みず》は　すくうのです
指《ゆび》を　ぴったり　つけて
そおっと　大切《たいせつ》に――

★書《か》き終《お》わったら、もう一度《いちど》、音読《おんどく》しましょう。

（令和二年度版　東京書籍　新しい国語　五　高田　敏子）

水《みず》のこころ ②

名前

詩《し》を音読《おんどく》してから、書《か》き写《うつ》しましょう。

水《みず》は　つかめません
水《みず》は　つつむのです
二《ふた》つの手《て》の中《なか》に
そおっと　大切《たいせつ》に――

水《みず》のこころ　も
人《ひと》のこころ　も

★書《か》き終《お》わったら、もう一度《いちど》、音読《おんどく》しましょう。

（令和二年度版　東京書籍　新しい国語　五　高田　敏子）

水《みず》のこころ ③

名前

詩《し》を音読《おんどく》して、覚《おぼ》えましょう。また、詩《し》を書《か》きましょう。

水《みず》のこころ

高田《たかだ》 敏子《としこ》

水《みず》は つかめません
水《みず》は すくうのです
指《ゆび》をぴったりつけて
そおっと 大切《たいせつ》に――

★書《か》き終《お》わったら、もう一度《いちど》、音読《おんどく》しましょう。

（令和二年度版　東京書籍　新しい国語　五　高田　敏子）

水《みず》のこころ ④

名前

詩《し》を暗唱《あんしょう》しましょう。覚《おぼ》えたら書《か》きましょう。

水《みず》のこころ

高田《たかだ》 敏子《としこ》

水《みず》　つ

水《みず》　す

指《ゆび》　つ

そ　大《たいせつ》　｜

★書《か》き終《お》わったら、もう一度《いちど》、音読《おんどく》しましょう。

（令和二年度版　東京書籍　新しい国語　五　高田　敏子）

水《みず》のこころ ⑤

名前

詩《し》を音読《おんどく》して、覚《おぼ》えましょう。また、詩《し》を書《か》きましょう。

水《みず》は　つかめません
水《みず》は　つつむのです
二《ふた》つの手《て》の中《なか》に
そおっと　大切《たいせつ》に——
水《みず》のこころ　も
人《ひと》のこころ　も

★書《か》き終《お》わったら、もう一度《いちど》、音読《おんどく》しましょう。

（令和二年度版　東京書籍　新しい国語　五　高田　敏子）

水《みず》のこころ ⑥

名前

詩《し》を暗唱《あんしょう》しましょう。覚《おぼ》えたら書《か》きましょう。

水《みず》　つ

水《みず》　つ

二《ふた》　て　中《なか》

そ　大《たい》せつ　｜

水《みず》

人《ひと》

★書《か》き終《お》わったら、もう一度《いちど》、音読《おんどく》しましょう。

（令和二年度版　東京書籍　新しい国語　五　高田　敏子）

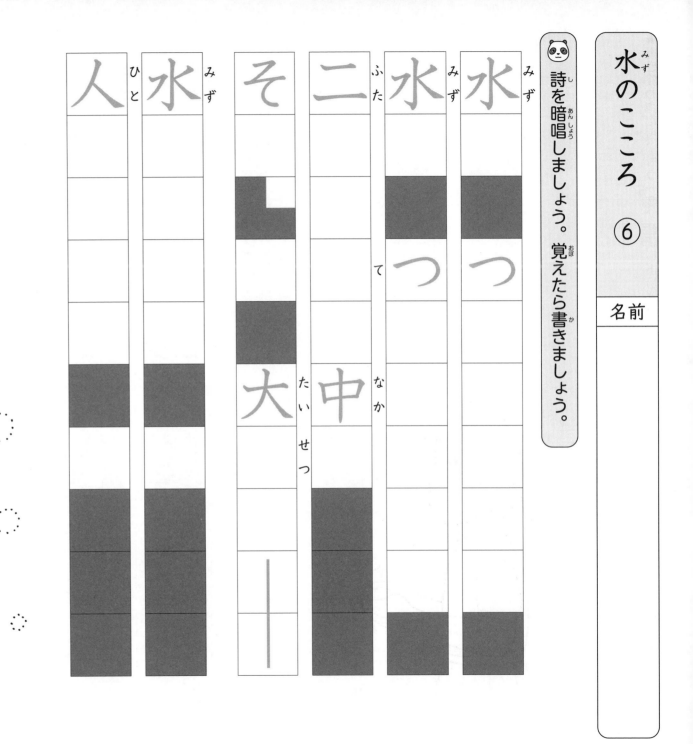

注文《ちゅうもん》の多《おお》い料理店《りょうりてん》 ①

名前

文章《ぶんしょう》を音読《おんどく》してから、書《か》き写《うつ》しましょう。

二人《ふたり》のわかいしんしが、
すっかりイギリスの兵隊《へいたい》の
形《かたち》をして、ぴかぴかする鉄《てっ》
ぽうをかついで、白《しろ》くまの
ような犬《いぬ》を二《に》ひき連《つ》れて、
だいぶ山《やま》おくの、

★書《か》き終《お》わったら、もう一度《いちど》、音読《おんどく》しましょう。

（令和二年度版　東京書籍　新しい国語　五　宮沢　賢治）

注文《ちゅうもん》の多《おお》い料理店《りょうりてん》 ②

名前

文章《ぶんしょう》を音読《おんどく》してから、書《か》き写《うつ》しましょう。

木《こ》の葉《は》のかさかさしたところを、こんなことを言《い》いながら、歩《ある》いておりました。

「ぜんたい、ここらの山《やま》はけしからんね。鳥《とり》もけものも一《いっ》ぴきもいやがらん。

★書《か》き終《お》わったら、もう一度《いちど》、音読《おんどく》しましょう。

（令和二年度版　東京書籍　新しい国語　五　宮沢　賢治）

注文《ちゅうもん》の多《おお》い料理店《りょうりてん》 ③

名前

文章《ぶんしょう》を音読《おんどく》してから、書《か》き写《うつ》しましょう。

何《なん》でもかまわないから、早《はや》くタンタアーンと、やってみたいもんだなあ」。「鹿《しか》の黄色《きいろ》な横《よこ》っぱらなんぞに、二《に》、三発《さんぱつ》お見《み》まい申《もう》したら、

★書《か》き終《お》わったら、もう一度《いちど》、音読《おんどく》しましょう。

（令和二年度版　東京書籍　新しい国語　五　宮沢　賢治）

注文《ちゅうもん》の多《おお》い料理店《りょうりてん》 ④

名前

文章《ぶんしょう》を音読《おんどく》してから、書《か》き写《うつ》しましょう。

ずいぶん痛《つう》快《かい》だろうねえ。

くるくる回《まわ》って、それか
らどたっとたおれるだろ
うねえ。」

それはだいぶの山《やま》おくで
した。

★書《か》き終《お》わったら、もう一度《いちど》、音読《おんどく》しましょう。

（令和二年度版　東京書籍　新しい国語　五　宮沢　賢治）

注文《ちゅうもん》の多《おお》い料理店《りょうりてん》 ⑤

名前

文章《ぶんしょう》を音読《おんどく》してから、書《か》き写《うつ》しましょう。

案内《あんない》してきた専門《せんもん》の鉄《てっ》ぽううちも、ちょっとまごついて、どこかへ行《い》ってしまったくらいの山《やま》おくでした。

それに、あんまり山《やま》がものすごいので、

★書《か》き終《お》わったら、もう一度《いちど》、音読《おんどく》しましょう。

（令和二年度版　東京書籍　新しい国語　五　宮沢　賢治）

注文《ちゅうもん》の多《おお》い料理店《りょうりてん》 ⑥

名前

文章《ぶんしょう》を音読《おんどく》してから、書《か》き写《うつ》しましょう。

その白《しろ》くまのような犬《いぬ》が、二《に》ひきいっしょに目《め》まいを起《お》こして、しばらくうなって、それからあわをはいて死《し》んでしまいました。

★書《か》き終《お》わったら、もう一度《いちど》、音読《おんどく》しましょう。

（令和二年度版　東京書籍　新しい国語　五　宮沢　賢治）

注文《ちゅうもん》の多《おお》い料理店《りょうりてん》 ⑦

名前

文章《ぶんしょう》を音読《おんどく》してから、書《か》き写《うつ》しましょう。

「実《じつ》にぼくは、二千《にせん》四《よん》百《ひゃく》円《えん》の損害《そんがい》だ。」

と、一人《ひとり》のしんしが、その犬《いぬ》のまぶたを、ちょっと返《かえ》してみて言《い》いました。

★書《か》き終《お》わったら、もう一度《いちど》、音読《おんどく》しましょう。

（令和二年度版　東京書籍　新しい国語　五　宮沢　賢治）

注文《ちゅうもん》の多《おお》い料理店《りょうりてん》 ⑧

名前

文章《ぶんしょう》を音読《おんどく》してから、書《か》き写《うつ》しましょう。

「ぼくは二千八百円《にせんはっぴゃくえん》の損害《そんがい》だ。」

と、も一人《ひとり》が、くやしそうに、頭《あたま》を曲《ま》げて言《い》いました。

初《はじ》めのしんしは、少《すこ》し顔色《かおいろ》を悪《わる》くして、じっと、

★書《か》き終《お》わったら、もう一度《いちど》、音読《おんどく》しましょう。

（令和二年度版　東京書籍　新しい国語　五　宮沢　賢治）

注文《ちゅうもん》の多《おお》い料理店《りょうりてん》 ⑨

名前

文章《ぶんしょう》を音読《おんどく》してから、書《か》き写《うつ》しましょう。

も一人《ひとり》のしんしの、顔《かお》つき
を見《み》ながら言《い》いました。
「ぼくはもうもどろうと思《おも》
う」。
「さあ、ぼくもちょうど寒《さむ》
くはなったし、

★書《か》き終《お》わったら、もう一度《いちど》、音読《おんどく》しましょう。

（令和二年度版　東京書籍　新しい国語　五　宮沢　賢治）

注文《ちゅうもん》の多《おお》い料理店《りょうりてん》 ⑩

名前

文章《ぶんしょう》を音読《おんどく》してから、書《か》き写《うつ》しましょう。

はらはすいてきたし、も
どろうと思《おも》う」。
「そいじゃ、これで切《き》り上《あ》
げよう。なあに、もどり
に、昨日《きのう》の宿屋《やどや》で、

★書《か》き終《お》わったら、もう一度《いちど》、音読《おんどく》しましょう。

（令和二年度版　東京書籍　新しい国語　五　宮沢　賢治）

注文《ちゅうもん》の多《おお》い料理店《りょうりてん》 ⑪

名前

文章《ぶんしょう》を音読《おんどく》してから、書《か》き写《うつ》しましょう。

山鳥《やまどり》を十円《じゅうえん》も買《か》って帰《かえ》れ
ばいい。」
「うさぎも出《で》ていたねえ。
そうすれば結局《けっきょく》おんなじ
こった。では帰《かえ》ろうじゃ
ないか。」

★書《か》き終《お》わったら、もう一度《いちど》、音読《おんどく》しましょう。

（令和二年度版　東京書籍　新しい国語　五　宮沢　賢治）

注文《ちゅうもん》の多《おお》い料理店《りょうりてん》 ⑫

名前

文章《ぶんしょう》を音読《おんどく》してから、書《か》き写《うつ》しましょう。

ところが、どうもこまったことは、どっちへ行《い》けばもどれるのか、いっこう見《けん》当《とう》がつかなくなっていました。

★書《か》き終《お》わったら、もう一度《いちど》、音読《おんどく》しましょう。

（令和二年度版　東京書籍　新しい国語　五　宮沢　賢治）

注文《ちゅうもん》の多《おお》い料理店《りょうりてん》 ⑬

名前

文章《ぶんしょう》を音読《おんどく》してから、書《か》き写《うつ》しましょう。

風《かぜ》がどうとふいてきて、
草《くさ》はザワザワ、木《こ》の葉《は》はカ
サカサ、木《き》はゴトンゴトン
と鳴《な》りました。

★書《か》き終《お》わったら、もう一度《いちど》、音読《おんどく》しましょう。

（令和二年度版　東京書籍　新しい国語　五　宮沢　賢治）

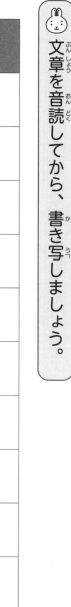

論語《ろんご》 ①

名前

文《ぶん》を音読《おんどく》してから、書《か》き写《うつ》しましょう。

曰　己　欲

子《し》曰《い》は《（わ）》く、「己《おのれ》の欲《ほっ》せ

施

ざる所《ところ》は、人《ひと》に施《ほどこ》すこ

勿

と勿《な》かれ。」と。

★書《か》き終《お》わったら、もう一度《いちど》、音読《おんどく》しましょう。

（令和二年度版　光村図書　国語　五　銀河「古典の世界（二）」による）

論語《ろんご》 ②

名前

文《ぶん》を音読《おんどく》してから、書《か》き写《うつ》しましょう。

子《し》曰《い》は（わ）く、「過《あやま》ちて改《あらた》めざる、是《これ》を過《あやま》ちと謂《い》ふ（う）。」と。

★書《か》き終《お》わったら、もう一度《いちど》、音読《おんどく》しましょう。

（令和二年度版　光村図書　国語　五　銀河「古典の世界（二）」による）

論語《ろんご》 ③

名前

文《ぶん》を音読《おんどく》して、覚《おぼ》えましょう。また、文《ぶん》を書《か》きましょう。

子《し》曰《い》は《（わ）》く、「己《おのれ》の欲《ほっ》せざる所《ところ》は、人《ひと》に施《ほどこ》すこと勿《な》かれ。」と。

子《し》曰《い》は《（わ）》く、「過《あやま》ちて改《あらた》めざる、是《これ》を過《あやま》ちと謂《い》ふ《（う）》。」と。

★書《か》き終《お》わったら、もう一度《いちど》、音読《おんどく》しましょう。

（令和二年度版　光村図書　国語　五　銀河「古典の世界（二）」による）

論語《ろんご》 ④

名前

文《ぶん》を暗唱《あんしょう》しましょう。覚《おぼ》えたら書《か》きましょう。

子《し》曰《い》は（わ）「己《おのれ》欲《ほっ》

所《ところ》人《ひと》施《ほどこ》

勿《な》

子《し》曰《い》は（わ）「過《あやま》改《あらた》

是《これ》過《あやま》謂《い》

ふ（う）

★書《か》き終《お》わったら、もう一度《いちど》、音読《おんどく》しましょう。

（令和二年度版　光村図書　国語　五　銀河「古典の世界（二）」による）

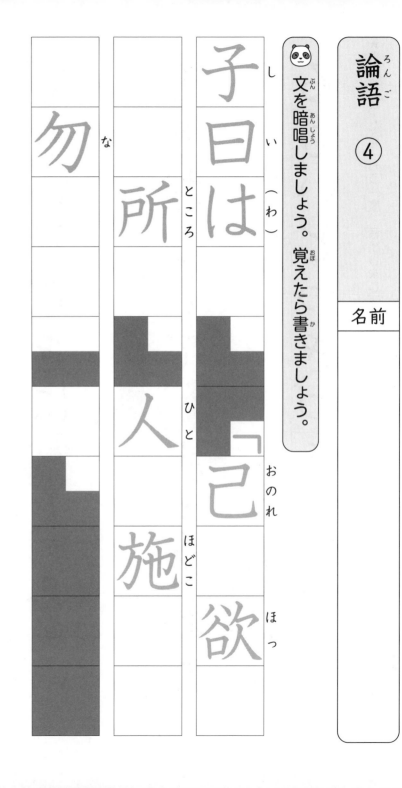

季節《きせつ》の言葉《ことば》 冬《ふゆ》の朝《あさ》 ①

枕草子《まくらのそうし》

名前

文章《ぶんしょう》を音読《おんどく》してから、書《か》き写《うつ》しましょう。

冬《ふゆ》はつとめて。雪《ゆき》の降《ふ》りたるは言《い》ふ(う)べきにもあらず、霜《しも》のいと白《しろ》きも、またさらでもいと寒《さむ》きに、火《ひ》などいそぎおこして、炭《すみ》もてわたるもいとつきづきし。

★書《か》き終《お》わったら、もう一度《いちど》、音読《おんどく》しましょう。

（令和二年度版 光村図書 国語 五 銀河「季節の言葉4 冬の朝」による）

※「枕草子」の教材は、令和二年度版 東京書籍 新しい国語 五 にも掲載されています。

季節《きせつ》の言葉《ことば》　冬《ふゆ》の朝《あさ》　②

枕草子《まくらのそうし》

名前

文章《ぶんしょう》を音読《おんどく》してから、書《か》き写《うつ》しましょう。

昼《ひる》になりて、ぬるくゆるびもていけば、火桶《ひおけ》の火《ひ》も白《しろ》き灰《はい》がちになりてわろし。

★書《か》き終《お》わったら、もう一度《いちど》、音読《おんどく》しましょう。

（令和二年度版　光村図書　国語　五　銀河「季節の言葉4　冬の朝」による）

※「枕草子」の教材は、令和二年度版　東京書籍　新しい国語　五　にも掲載されています。

季節《きせつ》の言葉《ことば》 冬《ふゆ》の朝《あさ》 枕草子《まくらのそうし》 ③

名前

文章《ぶんしょう》を音読《おんどく》して、覚《おぼ》えましょう。また、文章《ぶんしょう》を書《か》きましょう。

冬《ふゆ》はつとめて。雪《ゆき》の降《ふ》りたるは言《い》ふ《(う)》べきにもあらず、霜《しも》のいと白《しろ》きも、またさらでもいと寒《さむ》きに、火《ひ》などいそぎおこして、炭《すみ》もてわたるもいとつきづきし。昼《ひる》になりて、ぬるくゆるびもていけば、火桶《ひおけ》の火《ひ》も白《しろ》き灰《はい》がちになりてわろし。

★書《か》き終《お》わったら、もう一度《いちど》、音読《おんどく》しましょう。

（令和二年度版 光村図書 国語 五 銀河 「季節の言葉4 冬の朝」による）

※「枕草子」の教材は、令和二年度版 東京書籍 新しい国語 五 にも掲載されています。

季節《きせつ》の言葉《ことば》 冬《ふゆ》の朝《あさ》 ④

枕草子《まくらのそうし》

名前

文章《ぶんしょう》を暗唱《あんしょう》しましょう。覚《おぼ》えたら書《か》きましょう。

冬《ふゆ》 雪《ゆき》 降《ふ》

言ふ《い(う)》 あ 、

霜《しも》 《しろ》 ま

い 《さむ》 火《ひ》

炭《すみ》

い 昼《ひる》

ぬ ゆ

火《ひ》桶《おけ》 《ひ》 白《しろ》 灰《はい》

わ

★書《か》き終《お》わったら、もう一度《いちど》、音読《おんどく》しましょう。

(令和二年度版 光村図書 国語 五 銀河 「季節の言葉4 冬の朝」による)

※「枕草子」の教材は、令和二年度版 東京書籍 新しい国語 五 にも掲載されています。

するめ ①

名前

詩《し》を音読《おんどく》して、覚《おぼ》えましょう。また、詩《し》を書《か》きましょう。

するめ

まど・みちお

とうとう
やじるしに　なって
きいている

うみは
あちらですかと・・・

★書《か》き終《お》わったら、もう一度《いちど》、音読《おんどく》しましょう。

（令和二年度版　光村図書　国語　五　銀河　まど・みちお）

するめ　②

名前

詩《し》を暗唱《あんしょう》しましょう。覚《おぼ》えたら書《か》きましょう。

するめ

まど・みちお

と

や　な

き

う

あ
・・・

★書《か》き終《お》わったら、もう一度《いちど》、音読《おんどく》しましょう。

（令和二年度版　光村図書　国語　五　銀河　まど・みちお）

大造《だいぞう》じいさんとガン ①

名前

文章《ぶんしょう》を音読《おんどく》してから、書《か》き写《うつ》しましょう。

じいさんは目《め》を開《ひら》きました。

「さあ、今日《きょう》こそ、あの残《ざん》雪《せつ》めにひとあわふかせてやるぞ。」

★書《か》き終《お》わったら、もう一度《いちど》、音読《おんどく》しましょう。

（令和二年度版　光村図書　国語　五　銀河　椋　鳩十）

※「大造じいさんとガン」の教材は、令和二年度版　東京書籍　新しい国語　五、教育出版　ひろがる言葉　五上　にも掲載されています。

大造《だいぞう》じいさんとガン ②

名前

文章《ぶんしょう》を音読《おんどく》してから、書《か》き写《うつ》しましょう。

くちびるを二《に》、三回《さんかい》静《しず》かにぬらしました。そして、あのおとりを飛《と》び立《た》たせるために口笛《くちぶえ》をふこうと、くちびるをとんがらせました。

（令和二年度版　光村図書　国語　五　銀河　椋　鳩十）

★書《か》き終《お》わったら、もう一度《いちど》、音読《おんどく》しましょう。

※「大造じいさんとガン」の教材は、令和二年度版　東京書籍　新しい国語　五、教育出版　ひろがる言葉　五上　にも掲載されています。

大造《だいぞう》じいさんとガン ③

名前

文章《ぶんしょう》を音読《おんどく》してから、書《か》き写《うつ》しましょう。

と、そのとき、ものすごい羽音《はおと》とともに、ガンの群《む》れが一度《いちど》にバタバタと飛《と》び立《た》ちました。

「どうしたことだ。」

（令和二年度版 光村図書 国語 五 銀河 椋 鳩十）

★書《か》き終《お》わったら、もう一度《いちど》、音読《おんどく》しましょう。

※「大造じいさんとガン」の教材は、令和二年度版 東京書籍 新しい国語 五、教育出版 ひろがる言葉 五上 にも掲載されています。

大造《だいぞう》じいさんとガン ④

名前

文章《ぶんしょう》を音読《おんどく》してから、書《か》き写《うつ》しましょう。

じいさんは、小屋《こや》の外《そと》には
い出《だ》してみました。
ガンの群《む》れを目《め》がけて、
白《しろ》い雲《くも》の辺《あた》りから、何《なに》か一《いっ》
直線《ちょくせん》に落《お》ちてきました。
「ハヤブサだ。」

★書《か》き終《お》わったら、もう一度《いちど》、音読《おんどく》しましょう。

（令和二年度版 光村図書 国語 五 銀河 椋 鳩十）

※「大造じいさんとガン」の教材は、令和二年度版 東京書籍 新しい国語 五、教育出版 ひろがる言葉 五上 にも掲載されています。

大造《だいぞう》じいさんとガン ⑤

名前

文章《ぶんしょう》を音読《おんどく》してから、書《か》き写《うつ》しましょう。

ガンの群《む》れは、残雪《ざんせつ》に導《みちび》かれて、実《じっ》にすばやい動作《どうさ》で、ハヤブサの目《め》をくらましながら飛《と》び去《さ》っていきます。

（令和二年度版 光村図書 国語 五 銀河 椋 鳩十）

★書《か》き終《お》わったら、もう一度《いちど》、音読《おんどく》しましょう。

※「大造じいさんとガン」の教材は、令和二年度版 東京書籍 新しい国語 五、教育出版 ひろがる言葉 五上 にも掲載されています。

大造《だいぞう》じいさんとガン ⑥

名前

文章《ぶんしょう》を音読《おんどく》してから、書《か》き写《うつ》しましょう。

「あっ。」

一羽《いちわ》、飛《と》びおくれたのが

います。

大造《だいぞう》じいさんのおとりの

ガンです。

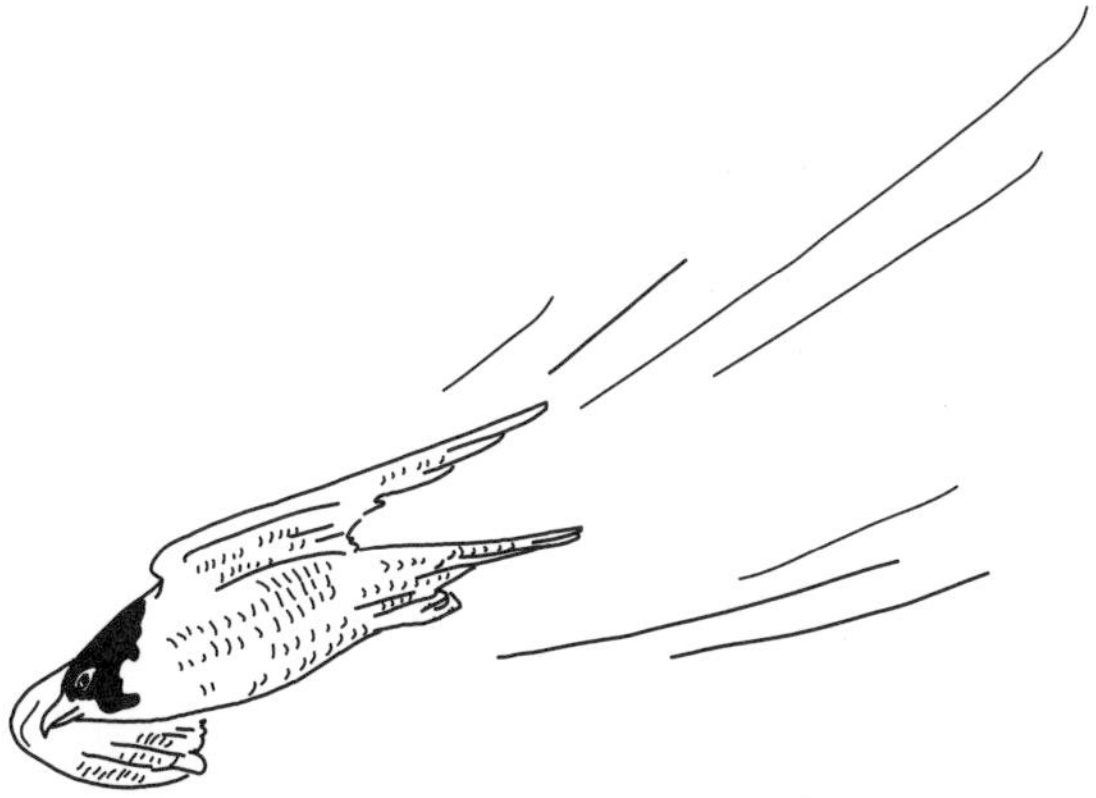

(令和二年度版　光村図書　国語　五　銀河　椋　鳩十)

★書《か》き終《お》わったら、もう一度《いちど》、音読《おんどく》しましょう。

※「大造じいさんとガン」の教材は、令和二年度版　東京書籍　新しい国語　五、教育出版　ひろがる言葉　五上　にも掲載されています。

大造《だいぞう》じいさんとガン ⑦

名前

文章《ぶんしょう》を音読《おんどく》してから、書《か》き写《うつ》しましょう。

長《なが》い間《あいだ》飼《か》いならされていた
ので、野《や》鳥《ちょう》としての本《ほん》能《のう》が
にぶっていたのでした。
ハヤブサは、その一《いち》羽《わ》を
見《み》のがしませんでした。

★書《か》き終《お》わったら、もう一度《いちど》、音読《おんどく》しましょう。

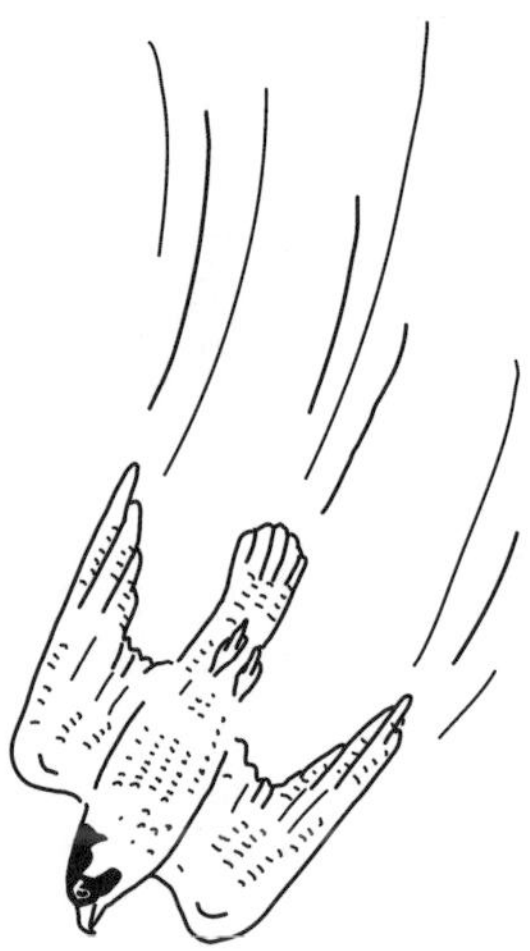

（令和二年度版　光村図書　国語　五　銀河　椋　鳩十）

※「大造じいさんとガン」の教材は、令和二年度版　東京書籍　新しい国語　五、教育出版　ひろがる言葉　五上　にも掲載されています。

大造《だいぞう》じいさんとガン ⑧

名前

文章《ぶんしょう》を音読《おんどく》してから、書《か》き写《うつ》しましょう。

じいさんは、ピュ、ピュ、ピュ、ピュと口笛《くちぶえ》をふきました。

こんな命《いのち》がけの場合《ばあい》でも、飼《か》い主《ぬし》のよび声《ごえ》を聞《き》き分《わ》けたとみえて、ガンは、こっちに方向《ほうこう》を変《か》えました。

★書《か》き終《お》わったら、もう一度《いちど》、音読《おんどく》しましょう。

（令和二年度版　光村図書　国語　五　銀河　椋　鳩十）

※「大造じいさんとガン」の教材は、令和二年度版　東京書籍　新しい国語　五、教育出版　ひろがる言葉　五上　にも掲載されています。

大造《だいぞう》じいさんとガン ⑨

名前

文章《ぶんしょう》を音読《おんどく》してから、書《か》き写《うつ》しましょう。

ハヤブサは、その道《みち》をさえぎって、パーンと一《ひと》けりけりました。

ぱっと、白《しろ》い羽毛《うもう》があかつきの空《そら》に光《ひか》って散《ち》りました。

★書《か》き終《お》わったら、もう一度《いちど》、音読《おんどく》しましょう。

（令和二年度版　光村図書　国語　五　銀河　椋　鳩十）

※「大造じいさんとガン」の教材は、令和二年度版　東京書籍　新しい国語　五、教育出版　ひろがる言葉　五上　にも掲載されています。

大造《だいぞう》じいさんとガン ⑩

名前

文章《ぶんしょう》を音読《おんどく》してから、書《か》き写《うつ》しましょう。

ガンの体《からだ》はななめにかたむきました。

もう一《ひと》けりと、ハヤブサがこうげきの姿勢《しせい》をとった

姿

とき、さっと、大《おお》きなかげが空《そら》を横切《よこぎ》りました。

★書《か》き終《お》わったら、もう一度《いちど》、音読《おんどく》しましょう。

（令和二年度版　光村図書　国語　五　銀河　椋　鳩十）

※「大造じいさんとガン」の教材は、令和二年度版　東京書籍　新しい国語　五、教育出版　ひろがる言葉　五上　にも掲載されています。

大造《だいぞう》じいさんとガン ⑪

名前

文章《ぶんしょう》を音読《おんどく》してから、書《か》き写《うつ》しましょう。

残雪《ざんせつ》です。

大造《だいぞう》じいさんは、ぐっと
じゅうをかたに当《あ》て、残雪《ざんせつ》
をねらいました。が、なん
と思《おも》ったか、再《ふたた》びじゅうを
下《お》ろしてしまいました。

★書《か》き終《お》わったら、もう一度《いちど》、音読《おんどく》しましょう。

（令和二年度版 光村図書 国語 五 銀河 椋 鳩十）

※「大造じいさんとガン」の教材は、令和二年度版 東京書籍 新しい国語 五、教育出版 ひろがる言葉 五上 にも掲載されています。

大造《だいぞう》じいさんとガン ⑫

名前

文章《ぶんしょう》を音読《おんどく》してから、書《か》き写《うつ》しましょう。

残《ざん》雪《せつ》の目《め》には、人《にん》間《げん》もハヤブサもありませんでした。

ただ、救《すく》わねばならぬ仲《なか》間《ま》のすがたがあるだけでした。

（令和二年度版　光村図書　国語　五　銀河　椋　鳩十）

★書《か》き終《お》わったら、もう一度《いちど》、音読《おんどく》しましょう。

※「大造じいさんとガン」の教材は、令和二年度版　東京書籍　新しい国語　五、教育出版　ひろがる言葉　五上　にも掲載されています。

漢字《かんじ》の読《よ》み方《かた》と使《つか》い方《かた》に気《き》をつけた文《ぶん》作《づく》り ①

名前

● 次《つぎ》の言葉《ことば》を使《つか》って文《ぶん》を作《つく》りましょう。——線《せん》の漢字《かんじ》の読《よ》み方《かた》と使《つか》い方《かた》に気《き》をつけましょう。

① 算数《さんすう》
勉強《べんきょう》
三角定規《さんかくじょうぎ》
使《つか》う
予定《よてい》

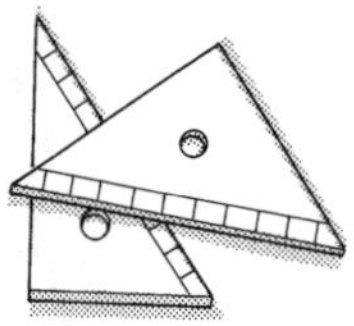

(なぞって書《か》きましょう。)

算数の勉強で三角定規を
使う予定だ。

② 明後日《みょうごにち》(あさって)
合宿《がっしゅく》
説明会《せつめいかい》

(続《つづ》けて書《か》きましょう。)

明後日、

③ 図書室《としょしつ》
名作《めいさく》
図《ず》かん
読《よ》む

(続《つづ》けて書《か》きましょう。)

図書室で、

漢字《かんじ》の読《よ》み方《かた》と使《つか》い方《かた》に気《き》をつけた文《ぶん》作《づく》り ②

名前

● 次《つぎ》の言葉《ことば》を使《つか》って文《ぶん》を作《つく》りましょう。――線《せん》の漢字《かんじ》の読《よ》み方《かた》と使《つか》い方《かた》に気《き》をつけましょう。

① お母《かあ》さん
八百屋《やおや》
玉《たま》ねぎ
八《はち》こ
買《か》った

(なぞって書《か》きましょう。)

お母さんが、八百屋で
玉ねぎを八こ買った。

② ぼく
眼科《がんか》
眼鏡《めがね》
すすめられた

(続《つづ》けて書《か》きましょう。)

ぼくは、眼科で

③ ゆう便局《びんきょく》
家《いえ》
近《ちか》く
便利《べんり》

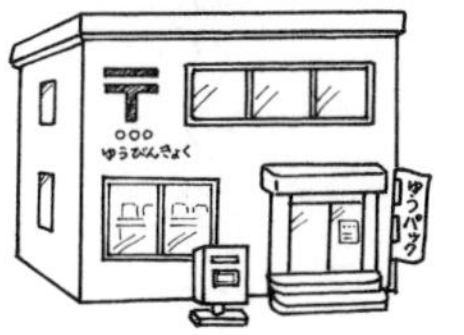

(書《か》きましょう。)

グラフや表《ひょう》を用《もち》いて書《か》こう

名前

● 次《つぎ》の折《お》れ線《せん》グラフを見《み》て、文《ぶん》を書《か》きましょう。

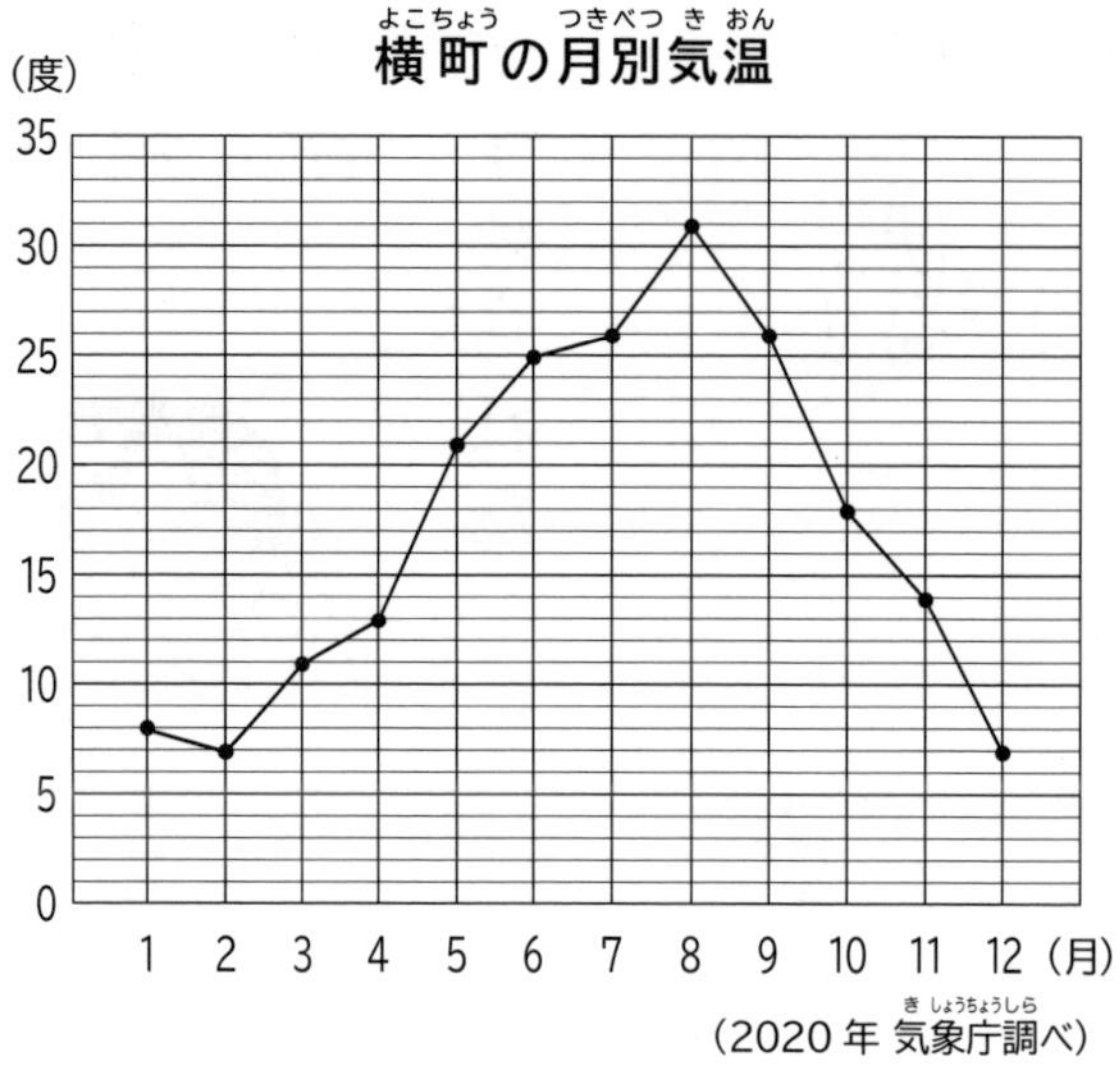

① 次《つぎ》の文《ぶん》を書《か》きましょう。

上《うえ》のグラフは、横町《よこちょう》の
月別気温《つきべつきおん》を表《あらわ》して
います。

② グラフを見《み》て、わかることを書《か》きましょう。

一年《いちねん》でいちばん暑いのは、八月《はちがつ》です。

一年《いちねん》でいちばん寒いのは、二月《にがつ》、十二月《じゅうにがつ》です。

③ 四月《しがつ》〜五月《ごがつ》、九月《くがつ》〜十月《じゅうがつ》は、気温《きおん》の変化《へんか》が大《おお》きいです。考《かんが》えたことについて、書《か》きましょう。

四月《しがつ》〜五月《ごがつ》、九月《くがつ》〜十月《じゅうがつ》は、気温《きおん》の変化《へんか》が
大《おお》きいので、体調《たいちょう》をくずさないように
気《き》をつけたいです。

読《よ》み手《て》が納得《なっとく》する意見文《いけんぶん》を書《か》こう ①

名前

● 次《つぎ》の題材《だいざい》について、意見文《いけんぶん》を書《か》きましょう。

電車《でんしゃ》やバスのゆう先席《せんせき》は、必要《ひつよう》か。

① あなたの主張《しゅちょう》はどちらですか。次《つぎ》の□から選《えら》んで、□に文《ぶん》を書《か》きましょう。

・電車《でんしゃ》やバスのゆう先席《せんせき》は、必要《ひつよう》です。
・電車《でんしゃ》やバスのゆう先席《せんせき》は、必要《ひつよう》ではありません。

電車やバスのゆう先席は、

② あなたが①のように主張《しゅちょう》する理由《りゆう》を次《つぎ》の□から選《えら》んで、□に文《ぶん》を書《か》きましょう。（※自分《じぶん》で考《かんが》えた理由《りゆう》を書《か》いてもよいです。）

・理由《りゆう》は、お年《とし》よりや体《からだ》の不自由《ふじゆう》な人《ひと》などが気《き》がねなくすわることができるからです。
・理由《りゆう》は、自然《しぜん》に席《せき》をゆずるのが当《あ》たり前《まえ》になってほしいからです。

理由は、

読《よ》み手《て》が納得《なっとく》する意見文《いけんぶん》を書《か》こう ②

名前

● 次《つぎ》の題材《だいざい》について、意見文《いけんぶん》を書《か》きましょう。

小学校《しょうがっこう》は、制服《せいふく》と私服《しふく》、どちらがよいか。

① あなたの主張《しゅちょう》はどちらですか。次《つぎ》の□から選《えら》んで、□に文《ぶん》を書《か》きましょう。

- 小学校《しょうがっこう》は、制服《せいふく》がよい。
- 小学校《しょうがっこう》は、私服《しふく》がよい。

小学校は、

② あなたが①のように主張《しゅちょう》する理由《りゆう》を次《つぎ》の□から二《ふた》つ選《えら》んで、□に文《ぶん》を書《か》きましょう。（※自分《じぶん》で考《かんが》えた理由《りゆう》を書《か》いてもよいです。）

- 理由《りゆう》は、学校《がっこう》の一員《いちいん》である自覚《じかく》をもてるからです。
- 理由《りゆう》は、毎日《まいにち》着《き》る服《ふく》を考《かんが》えなくてよいからです。
- 理由《りゆう》は、自分《じぶん》らしいおしゃれを楽《たの》しめるからです。
- 理由《りゆう》は、気候《きこう》に合《あ》わせて服《ふく》そうを調節《ちょうせつ》できるからです。

理由は、

理由は、

読《よ》み手《て》が納得《なっとく》する意見文《いけんぶん》を書《か》こう ③

名前

● 次《つぎ》の題材《だいざい》について、意見文《いけんぶん》を書《か》きましょう。

スーパーマーケットは、二十四時間営業《にじゅうよじかんえいぎょう》がよいか。

① あなたの主張《しゅちょう》はどちらですか。次《つぎ》の□から選《えら》んで、□に文《ぶん》を書《か》きましょう。

・スーパーマーケットは、二十四時間営業《にじゅうよじかんえいぎょう》がよい。
・スーパーマーケットは、二十四時間営業《にじゅうよじかんえいぎょう》でなくてよい。

スーパーマーケットは、

② あなたが①のように主張《しゅちょう》する理由《りゆう》を次《つぎ》の□から選《えら》んで、□に文《ぶん》を書《か》きましょう。（※自分《じぶん》で考《かんが》えた理由《りゆう》を書《か》いてもよいです。）

・理由《りゆう》は、どんな時間《じかん》でも、買《か》い物《もの》ができて便利《べんり》だからです。
・理由《りゆう》は、スーパーマーケットで働《はたら》く人《ひと》の労働時間《ろうどうじかん》が増《ふ》えて、人《ひと》をやとうお金《かね》が高《たか》くつくからです。

理由は、

提案文《ていあんぶん》を書《か》こう ①

名前

● 次《つぎ》の内容《ないよう》について、提案文《ていあんぶん》を書《か》きましょう。

㋐〈初《はじ》め〉提案《ていあん》のきっかけ

朝《あさ》のあいさつができない人《ひと》が多《おお》い。

㋑〈初《はじ》め〉提案内容《ていあんないよう》

毎朝《まいあさ》、当番《とうばん》が門《もん》の所《ところ》であいさつをするとよい。

㋒〈中《なか》〉提案《ていあん》の理由《りゆう》

あいさつをすると、一日《いちにち》のスタートが気持《きも》ちよくなるから。

㋓〈終《お》わり〉今後《こんご》の願《ねが》い

みんながあいさつをするようにしたい。

● ㋐〜㋓の文《ぶん》について、構成《こうせい》を考《かんが》えて提案文《ていあんぶん》を書《か》きましょう。

㋐ 朝のあいさつができない人が多いです。

㋑ そこで、わたしは、毎朝、当番が

㋒ なぜなら、あいさつをすると、

㋓

提案文《ていあんぶん》を書《か》こう ②

名前

● 次《つぎ》の内容《ないよう》について、提案文《ていあんぶん》を書《か》きましょう。

㋐〈初《はじ》め〉提案《ていあん》のきっかけ

ろうかを走《はし》る人《ひと》がいる。

㋑〈初《はじ》め〉提案内容《ていあんないよう》

ポスターをろうかにはるとよい。

㋒〈中《なか》〉提案《ていあん》の理由《りゆう》

この前《まえ》、走《はし》って来《き》た人《ひと》とぶつかって、あぶないと思《おも》ったから。

㋓〈終《お》わり〉今後《こんご》の願《ねが》い

ろうかは、安全《あんぜん》に通行《つうこう》しよう。

● ㋐〜㋓の文《ぶん》について、構成《こうせい》を考《かんが》えて提案文《ていあんぶん》を書《か》きましょう。

㋐ ろうかを走る人がいます。

㋑ そこで、わたしは、

㋒ なぜなら、

㋓

複合語《ふくごうご》を使《つか》った文作《ぶんづく》り ①-(1)

名前

● □から言葉《ことば》を選《えら》んで「飛《と》び――」という複合語《ふくごうご》を作《つく》り、（　）に書《か》きましょう。また、次《つぎ》の言葉《ことば》と（　）の複合語《ふくごうご》を使《つか》って、文《ぶん》を作《つく》りましょう。

(1)

① 小鳥《ことり》　空《そら》　飛《と》び――

（飛び回る）

小鳥が空を飛び回る。

② 物音《ものおと》　夜中《よなか》　飛《と》び――

（　　）

物音で

回《まわ》る　起《お》きる

(2)

① 牧場《ぼくじょう》　馬《うま》　さく　飛《と》び――

（　　）

牧場の馬が、

② 路地《ろじ》　子《こ》ども　飛《と》び――

（　　）

出《だ》す　こえる

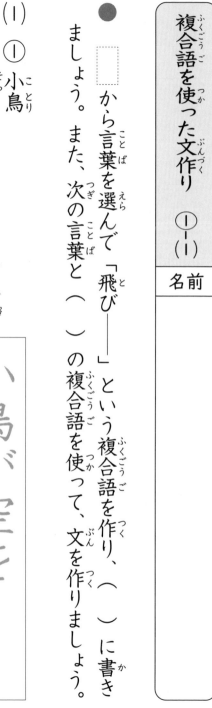

複合語《ふくごうご》を使《つか》った文作《ぶんづく》り ①-(2)

名前

● □から言葉《ことば》を選《えら》んで「——合《あ》う」という複合語《ふくごうご》を作《つく》り、（　）に書《か》きましょう。また、次《つぎ》の言葉《ことば》と（　）の複合語《ふくごうご》を使《つか》って、文《ぶん》を作《つく》りましょう。

(1)

① 手《て》手《て》
——合《あ》う
（つなぎ合う）

手と手をつなぎ合う。

② 二人《ふたり》
歌声《うたごえ》
——合《あ》う
（　　　　）

二人の

ひびき　つなぎ

(2)

① こまった
とき
——合《あ》う
（　　　　）

② ぼく
田中《たなか》くん
ニックネーム
——合《あ》う
（　　　　）

よび　助《たす》け

複合語《ふくごうご》を使《つか》った文作《ぶんづく》り　②-(1)

名前

● ――線《せん》の複合語《ふくごうご》を□から選《えら》んで（　）に書《か》きましょう。また、次《つぎ》の言葉《ことば》と（　）の複合語《ふくごうご》を使《つか》って、文《ぶん》を作《つく》りましょう。

(1)

① 部屋《へや》せまい　暑《あつ》い＋苦《くる》しい
（　　　　）
部屋がせまくて暑苦しい。

② もうすぐ　冬《ふゆ》＋休《やす》み　始《はじ》まる
（　　　　）
もうすぐ、

冬休《ふゆやす》み　暑苦《あつくる》しい

(2)

① 青《あお》い＋白《しろ》い　光《ひかり》　見《み》えた
（　　　　）

② いつも　好《す》きな　本《ほん》　持《も》つ＋歩《ある》く
（　　　　）

青白《あおじろ》い　持《も》ち歩《ある》く

複合語《ふくごうご》を使《つか》った文作《ぶんづく》り ②-(2)

名前

● ――線《せん》の複合語《ふくごうご》を［　］から選《えら》んで（　）に書《か》きましょう。また、次《つぎ》の言葉《ことば》と（　）の複合語《ふくごうご》を使《つか》って、文《ぶん》を作《つく》りましょう。

(1)

① わたし
ビデオ＋カメラ
持《も》っている
（　）

わたしは、ビデオカメラを持っている。

② 姉《あね》
ピアノ＋教室《きょうしつ》
通《かよ》っている
（　）

姉は、

［ビデオカメラ　ピアノ教室］

(2)

① 学校《がっこう》
来週《らいしゅう》
もち＋つく＋大会《たいかい》
ある
（　）

学校で、来週

② 国語《こくご》の時間《じかん》
漢字《かんじ》
聞《き》く＋取《と》る＋テスト
ある
（　）

［聞《き》き取《と》りテスト　もちつき大会《たいかい》］

伝《つた》わる表現《ひょうげん》を使《つか》った文作《ぶんづく》り ①

名前

● Ⓐの文《ぶん》を、一年生《いちねんせい》に向《む》けて書《か》き直《なお》しましょう。

Ⓐ

㋐雨天《うてん》のときの㋑通学《つうがく》は、目《め》の前《まえ》がよく見《み》えるように、かさを㋒持《も》つこと。

● 文中《ぶんちゅう》の――線《せん》㋐～㋒の言葉《ことば》を、一年生《いちねんせい》にも伝《つた》わるやさしい言葉《ことば》に直《なお》しました。

㋐ 雨天《うてん》の → 雨《あめ》がふる

㋑ 通学《つうがく》 → 学校《がっこう》への行《い》き帰《かえ》り

㋒ 持《も》つこと → 持《も》ちましょう

● 一年生《いちねんせい》に向《む》けて直《なお》したやさしい言葉《ことば》を使《つか》って、Ⓐの文《ぶん》を書《か》き直《なお》しましょう。

雨がふるときの学校への行き帰りは、

伝《つた》わる表現《ひょうげん》を使《つか》った文作《ぶんづく》り ②

名前

● あの文《ぶん》をお世話《せわ》になった方《かた》へ、感謝《かんしゃ》の気持《きも》ちを伝《つた》える文《ぶん》に書《か》き直《なお》しましょう。

あ

この前《まえ》は、ぼくが落《お》とした本《ほん》を
㋐とどけてくれて、助《たす》かりました。
見《み》つかってとても㋑うれしかったよ。
本当《ほんとう》に、㋒ありがとう。

・文中《ぶんちゅう》の――線《せん》㋐～㋒の言葉《ことば》を、お世話《せわ》になった方《かた》に向《む》けてていねいな言葉《ことば》に直《なお》しました。

㋐ とどけてくれて → とどけてくださって
㋑ うれしかったよ → うれしかったです
㋒ ありがとう → ありがとうございました

・お世話《せわ》になった方《かた》に向《む》けて直《なお》したていねいな言葉《ことば》を使《つか》って、あの文《ぶん》を書《か》き直《なお》しましょう。

この前は、ぼくが落とした本を

すいせんする文章《ぶんしょう》を書《か》こう ①

名前

● 次《つぎ》のように、本をすいせんする文章《ぶんしょう》の組《く》み立《た》てを考《かんが》えました。

相手《あいて》	本《ほん》が好《す》きな人《ひと》
すいせんする本《ほん》	「みどりのゆび」
本《ほん》の内容《ないよう》	不思議《ふしぎ》な力《ちから》をもつ「みどりのゆび」。ろうやや、病院《びょういん》を花《はな》や緑《みどり》で包《つつ》む。
理由《りゆう》	戦争《せんそう》と平和《へいわ》について考《かんが》えてほしいから。

● すいせんする文章《ぶんしょう》を完成《かんせい》させましょう。

本が好きな人 へ

「　　　　」の本《ほん》をすいせんします。

この本《ほん》は、不思議《ふしぎ》な力《ちから》をもつ「みどりのゆび」のお話《はなし》です。ろうやや、病院《びょういん》を花《はな》や緑《みどり》で包《つつ》みます。

すいせんする理由《りゆう》は、

　　　　　　　　です。

すいせんする文章《ぶんしょう》を書《か》こう ②

名前

● 次《つぎ》のように、本をすいせんする文章《ぶんしょう》の組《く》み立《た》てを考《かんが》えました。

相手《あいて》	生《い》き物《もの》が好《す》きな人《ひと》
すいせんする本《ほん》	「日本《にほん》にしかいない生《い》き物《もの》図鑑《ずかん》」
本《ほん》の内容《ないよう》	ほにゅう類《るい》だけでなく、鳥《とり》やこん虫《ちゅう》などさまざまな日本固有種《にほんこゆうしゅ》を取《と》り上《あ》げ、その進化《しんか》と生態《せいたい》のひみつを解説《かいせつ》している。
理由《りゆう》	興味深《きょうみぶか》いことがらが、くわしく書《か》いてあるから

● すいせんする文章《ぶんしょう》を書《か》きましょう。

＿＿＿＿＿＿＿＿へ

「＿＿＿＿＿＿＿＿」の本《ほん》を

すいせんします。

この本《ほん》は、ほにゅう類《るい》だけでなく、鳥《とり》やこん虫《ちゅう》などさまざまな日本固有種《にほんこゆうしゅ》を取《と》り上《あ》げ、その進化《しんか》と生態《せいたい》のひみつを解説《かいせつ》しています。

すいせんする理由《りゆう》は、

＿＿＿＿＿＿＿＿

＿＿＿＿＿＿＿＿です。

新聞《しんぶん》記者《きしゃ》になって文作《ぶんづく》り ①

名前

● 新聞《しんぶん》記者《きしゃ》になって、出来事《できごと》を報道《ほうどう》する文《ぶん》を作《つく》りましょう。□の言葉《ことば》を使《つか》いましょう。

①

「いつ」 昨日《きのう》の午後《ごご》
「どこで」 国会《こっかい》
「だれが」 総理大臣《そうりだいじん》
「何《なに》を」 少子化対《しょうしかたい》さくについて
「どうした」 語《かた》った

昨日の午後、国会で総理大臣が少子化対さくについて語った。

②

「いつ」 昨夜《さくや》
「何《なに》が」 台風《たいふう》
「どこに」 沖縄《おきなわ》
「どうだ」 急接近《きゅうせっきん》した

昨夜、

③

「いつ」 本日《ほんじつ》の早朝《そうちょう》
「何《なに》が」 飛行機《ひこうき》
「どうして」 落《らく》らいのため
「どうした」 欠航《けっこう》した

新聞記者《しんぶんきしゃ》になって文作《ぶんづく》り　②

名前

● 新聞記者《しんぶんきしゃ》になって、出来事《できごと》を報道《ほうどう》する文《ぶん》を作《つく》りましょう。□の言葉《ことば》を使《つか》いましょう。

①

「どんな」　梅《うめ》の名所《めいしょ》
「どこは」　大森神社《おおもりじんじゃ》
「いつ」　今《いま》
「何《なに》が」　梅《うめ》
「どうだ」　満開《まんかい》だ

梅の名所、大森神社は
今、梅が満開だ。

②

「どんな」　地元出身《じもとしゅっしん》
「だれが」　田中選手《たなかせんしゅ》
「何《なに》に」　サッカーの試合《しあい》
「どうした」　出場《しゅつじょう》した

地元出身の

③

「いつ」　昨日《きのう》
「どこで」　河川《かせん》じき公園《こうえん》
「何《なに》が」　市民《しみん》マラソン大会《たいかい》
「どうした」　行《おこな》われた

昨日、

考《かんが》えや気《き》持《も》ちを伝《つた》える言葉《ことば》を使《つか》った文作《ぶんづく》り ⑪-⑴ 人物《じんぶつ》を表《あらわ》す言葉《ことば》

名前

● 次《つぎ》の文《ぶん》に合《あ》う「人物《じんぶつ》を表《あらわ》す言葉《ことば》」を［　］から選《えら》び、文《ぶん》を完成《かんせい》させましょう。

⑴

① 父《ちち》は、考《かんが》えを決《き》めたら人《ひと》の意見《いけん》を
聞《き》かない
［　　　　］
な性格《せいかく》だ。

② 力持《ちからも》ちの兄《あに》は、
［　　　　］に
バットをふった。

ごうかい　がんこ

⑵

① 姉《あね》は、
［　　　　］なので、
レストランで待《ま》つことがきらいだ。

② 道《みち》が暗《くら》かったので、
［　　　　］
に歩《ある》いた。

せっかち　しんちょう

考《かんが》えや気《き》持《も》ちを伝《つた》える言葉《ことば》を使《つか》った文作《ぶんづく》り ①-(2) 事物《じぶつ》を表《あらわ》す言葉《ことば》

名前

次《つぎ》の文《ぶん》に合《あ》う「事物《じぶつ》を表《あらわ》す言葉《ことば》」を□から選《えら》び、文《ぶん》を完成《かんせい》させましょう。

(1)

① 試合《しあい》に負《ま》けたので、選手《せんしゅ》は

落《お》ちこんでいる。

② 駅前《えきまえ》のお店《みせ》のケーキは、

明《あき》らかに　評判《ひょうばん》がいい。

(2)

① 黄色《きいろ》の花《はな》が

かざられている。

② 祖父《そふ》は、　小説家《しょうせつか》だ。

すぐれた　あざやかな

考《かんが》えや気持《きも》ちを伝《つた》える言葉《ことば》を使《つか》った文作《ぶんづく》り ①-(3)
考《かんが》え方《かた》を表《あらわ》す言葉《ことば》

名前

● 次《つぎ》の文《ぶん》に合《あ》う「考《かんが》え方《かた》を表《あらわ》す言葉《ことば》」を□から選《えら》び、文《ぶん》を完成《かんせい》させましょう。

①

玉入《たまい》れは、赤組《あかぐみ》が勝《か》つ

②

父《ちち》は、最近太《さいきんふと》りだした。

食《た》べ過《す》ぎと運動不足《うんどうぶそく》だ。

③

これらの楽器《がっき》について、大《おお》きさ

チェロは、

バイオリンよりも大《おお》きい。

の点《てん》で比《くら》べると、
と思《おも》われる。
原因《げんいん》として考《かんが》えられるのは、

考《かん》えや気《き》持《も》ちを伝《つた》える言葉《ことば》を使《つか》った文作《ぶんづく》り ①-(4) 心情《しんじょう》を表《あらわ》す言葉《ことば》

名前

● 次《つぎ》の文《ぶん》に合《あ》う「心情《しんじょう》を表《あらわ》す言葉《ことば》」を□から選《えら》び、文《ぶん》を完成《かんせい》させましょう。

(1)

① 先生《せんせい》が手伝《てつだ》ってくださるので、

② リレーで最後《さいご》に逆転《ぎゃくてん》ゆう勝《しょう》したので、

思《おも》いだ。

むねがすく　心強《こころづよ》い。

(2)

① 外国《がいこく》で文化《ぶんか》のちがいに

② こわがりなので、おばけやしきに

行《い》くのは、

とまどう。　気《き》が進《すす》まない。

考《かんが》えや気《き》持《も》ちを伝《つた》える言葉《ことば》を使《つか》った文作《ぶんづく》り ②-(1)

名前

● ――線《せん》の考《かんが》えや気《き》持《も》ちを伝《つた》える言葉《ことば》を使《つか》って、文《ぶん》を作《つく》りましょう。

① わたしの妹《いもうと》
おっとり
性格《せいかく》

（なぞって書《か》きましょう。）

わたしの妹は、おっとりとした性格だ。

② 森《もり》さん
学校《がっこう》
一《いち》、二《に》を争《あらそ》う
クイズ王《おう》

（続《つづ》けて書《か》きましょう。）

森さんは、学校で

③ パーティー
会場《かいじょう》
はなやかな
ふんい気《き》

（書《か》きましょう。）

考《かんが》えや気《き》持《も》ちを伝《つた》える言葉《ことば》を使《つか》った文作《ぶんづく》り ②-(2)

名前

● ――線《せん》の考《かんが》えや気《き》持《も》ちを伝《つた》える言葉《ことば》を使《つか》って、文《ぶん》を作《つく》りましょう。

①
わたしたち
本当《ほんとう》
仲間《なかま》
だといえる

（なぞって書《か》きましょう。）

わたしたちは、本当の
仲間だといえる。

②
うれしい
ニュース
聞《き》く
クラスのみんな
声《こえ》がはずむ

（続《つづ》けて書《か》きましょう。）

うれしいニュースを
聞いて、

③
テニス選手《せんしゅ》
見事《みごと》な
プレー
ほれぼれする

（書《か》きましょう。）

比《くら》べるときの表現《ひょうげん》を使《つか》った文作《ぶんづく》り ①

名前

● 次《つぎ》の文《ぶん》に合《あ》う比《くら》べるときの表現《ひょうげん》を［　］から選《えら》んで、文《ぶん》を完成《かんせい》させましょう。

(1)

① 東京《とうきょう》タワーよりも東京《とうきょう》スカイツリーの　高《たか》い。

② クラスで　走《はし》るのが　速《はや》いのは、山田《やまだ》さんだ。

［最《もっと》も　ほうが］

(2)

① わたしにとって、算数《さんすう》は国語《こくご》　むずかしい。

② カレイは、速《はや》さの点《てん》で　マグロに

［おとる。　より］

比《くら》べるときの表現《ひょうげん》を使《つか》った文作《ぶんづく》り ②

名前

● 次《つぎ》の文《ぶん》に合《あ》う比《くら》べるときの表現《ひょうげん》を□から選《えら》んで、文《ぶん》を完成《かんせい》させましょう。

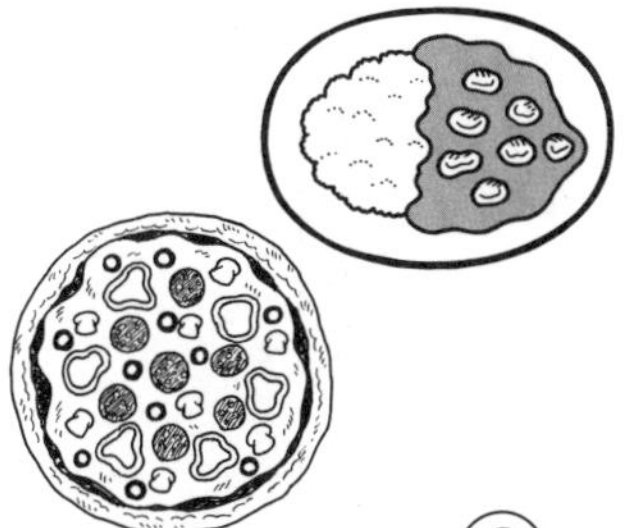

(1)

① 父《ちち》の部屋《へや》は、わたしの部屋《へや》

広《ひろ》い。

② ぼくが一番目《いちばんめ》に好《す》きな料理《りょうり》は

カレーで、

はピザだ。

二番目《にばんめ》　よりも

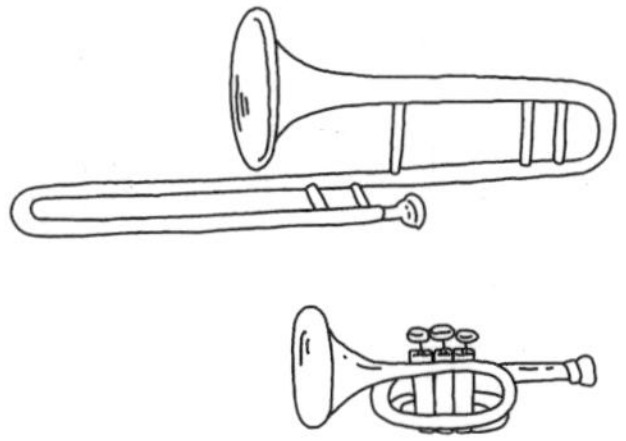

(2)

① トロンボーンは、トランペットに

大《おお》きい。

② シマウマは、速《はや》さの点《てん》で

ラクダに

比《くら》べて　まさる。

かなづかいに気《き》をつけた文作《ぶんづく》り ①

名前

● ——線《せん》の言葉《ことば》を正《ただ》しいかなづかいに直《なお》して、（　）に書《か》きましょう。また、次《つぎ》の言葉《ことば》と（　）の言葉《ことば》を使《つか》って、文《ぶん》を作《つく》りましょう。

①
弟《おとうと》
をやつ
食《た》べた

（　　　　）

（なぞって書《か》きましょう。）

弟がおやつを食べた。

②
そうゆうとき
学校《がっこう》
連《れん》らくする

（　　　　）

（書《か》きましょう。）

③
おねいさん
道《みち》
たずねた

（　　　　）

（書《か》きましょう。）

かなづかいに気《き》をつけた文作《ぶんづく》り　②

名前

● ――線《せん》の言葉《ことば》を正《ただ》しいかなづかいに直《なお》して、（　）に書《か》きましょう。また、次《つぎ》の言葉《ことば》と（　）の言葉《ことば》を使《つか》って、文《ぶん》を作《つく》りましょう。

①
（　　）
はたし
動物園《どうぶつえん》
（　　）
おうかみ
見《み》た

（なぞって書《か》きましょう。）

わたしは、動物園で
おおかみを見た。

②
弟《おとうと》
こけて
（　　）
はなじ
出《で》た

（続《つづ》けて書《か》きましょう。）

弟がこけて、

③
ぼく
飼《か》っている
犬《いぬ》
毛《け》
（　　）
ちじれている

（書《か》きましょう。）

四年生《よねんせい》で学《まな》んだ漢字《かんじ》を使《つか》った文作《ぶんづく》り ①

名前

● 次《つぎ》の言葉《ことば》を使《つか》って、文《ぶん》を作《つく》りましょう。（——線《せん》の漢字《かんじ》は、四年生《よねんせい》で習《なら》った漢字《かんじ》です。）

① 牧場《ぼくじょう》　周《まわ》り　清流《せいりゅう》

（なぞって書《か》きましょう。）

牧場の周りに清流が流れている。

② 灯台《とうだい》　明《あ》かり　漁船《ぎょせん》　照《て》らす

（続《つづ》けて書《か》きましょう。）

灯台の明かりが

③ 給食《きゅうしょく》　用意《ようい》　協力《きょうりょく》

（書《か》きましょう。）

四年生《よねんせい》で学《まな》んだ漢字《かんじ》を使《つか》った文作《ぶんづく》り ②

名前

● 次《つぎ》の言葉《ことば》を使《つか》って、文《ぶん》を作《つく》りましょう。（――線《せん》の漢字《かんじ》は、四年生《よねんせい》で習《なら》った漢字《かんじ》です。）

① 試験《しけん》 熱《ねつ》 欠席《けっせき》

（なぞって書《か》きましょう。）

試験の日に熱が出て、欠席した。

② 目標《もくひょう》 英語《えいご》 上達《じょうたつ》

（続《つづ》けて書《か》きましょう。）

目標は、

③ 受付《うけつけ》 氏名《しめい》 書《か》く

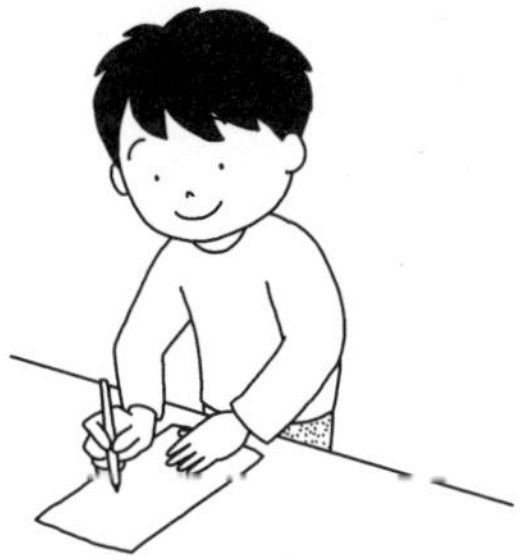

（書《か》きましょう。）

90頁

漢字《かんじ》の読《よ》み方《かた》と使《つか》い方《かた》に気《き》をつけた文作《ぶんづく》り ①

名前

● 次《つぎ》の言葉《ことば》を使《つか》って文《ぶん》を作《つく》りましょう。――線《せん》の漢字《かんじ》の読《よ》み方《かた》と使《つか》い方《かた》に気《き》をつけましょう。

① 算数《さんすう》 勉強《べんきょう》 三角定規《さんかくじょうぎ》 使《つか》う 予定《よてい》

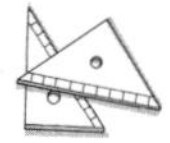

(なぞって書《か》きましょう。)

算数の勉強で三角定規を使う予定だ。

② 明後日《みょうごにち》(あさって) 合宿《がっしゅく》 説明会《せつめいかい》

(続《つづ》けて書《か》きましょう。)

明後日、合宿の説明会がある。

③ 図書室《としょしつ》 名作《めいさく》 図《ず》かん 読《よ》む

(続《つづ》けて書《か》きましょう。)

図書室で、名作や図かんを読む。

91頁

漢字《かんじ》の読《よ》み方《かた》と使《つか》い方《かた》に気《き》をつけた文作《ぶんづく》り ②

名前

● 次《つぎ》の言葉《ことば》を使《つか》って文《ぶん》を作《つく》りましょう。――線《せん》の漢字《かんじ》の読《よ》み方《かた》と使《つか》い方《かた》に気《き》をつけましょう。

① お母《かあ》さん 八百屋《やおや》 玉《たま》ねぎ 八《はち》こ 買《か》った

(なぞって書《か》きましょう。)

お母さんが、八百屋で玉ねぎを八こ買った。

② ぼく 眼科《がんか》 眼鏡《めがね》 すすめられた

(続《つづ》けて書《か》きましょう。)

ぼくは、眼科で眼鏡をすすめられた。

③ ゆう便局《びんきょく》 家《いえ》 近《ちか》く 便利《べんり》

(書《か》きましょう。)

ゆう便局が家の近くにあると、便利だ。

92頁

グラフや表《ひょう》を用《もち》いて書《か》こう

名前

● 次《つぎ》の折《お》れ線《せん》グラフを見《み》て、文《ぶん》を書《か》きましょう。

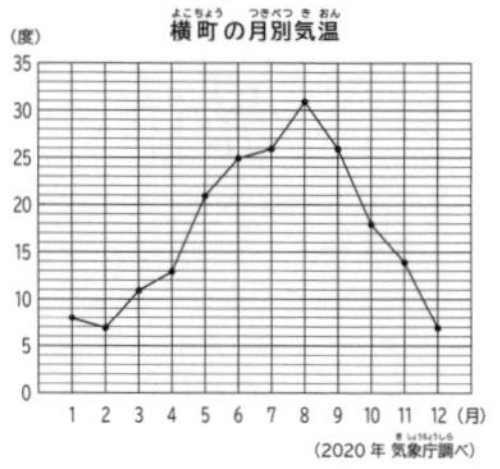

① 次《つぎ》の文《ぶん》を書《か》きましょう。

上のグラフは、横町の月別気温を表しています。

② グラフを見《み》て、わかることを書《か》きましょう。

一年でいちばん暑いのは、八月です。

一年でいちばん寒いのは、二月、十二月です。

③ 四月《しがつ》～五月《ごがつ》、九月《くがつ》～十月《じゅうがつ》は、気温《きおん》の変化《へんか》が大《おお》きいです。考《かんが》えたことについて、書《か》きましょう。

四月～五月、九月～十月は、気温の変化が大きいので、体調をくずさないように気をつけたいです。

93頁

読《よ》み手《て》が納得《なっとく》する意見文《いけんぶん》を書《か》こう ①

名前

● 次《つぎ》の題材《だいざい》について、意見文《いけんぶん》を書《か》きましょう。

電車《でんしゃ》やバスのゆう先席《せんせき》は、必要《ひつよう》か。

① あなたの主張《しゅちょう》はどちらですか。次《つぎ》の□から選《えら》んで、□に文《ぶん》を書《か》きましょう。

・電車《でんしゃ》やバスのゆう先席《せんせき》は、必要《ひつよう》です。
・電車《でんしゃ》やバスのゆう先席《せんせき》は、必要《ひつよう》ではありません。

(例)

電車やバスのゆう先席は、必要です。

② あなたが①のように主張《しゅちょう》する理由《りゆう》を次《つぎ》の□から選《えら》んで、□に文《ぶん》を書《か》きましょう。(※自分《じぶん》で考《かんが》えた理由《りゆう》を書《か》いてもよいです。)

・理由《りゆう》は、お年《とし》よりや体《からだ》の不自由《ふじゆう》な人《ひと》などが気《き》がねなくすわることができるからです。
・理由《りゆう》は、自然《しぜん》に席《せき》をゆずるのが当《あ》たり前《まえ》になってほしいからです。

(例)

理由は、お年よりや体の不自由な人などが気がねなくすわることができるからです。

解答例

本書の解答は，あくまでもひとつの例です。児童に取り組ませる前に，必ず指導される方が問題を解いてください。指導される方の作られた解答をもとに，児童の多様な考えに寄り添って○つけをお願いします。

94頁

読《よ》み手《て》が納得《なっとく》する意見文《いけんぶん》を書《か》こう ②

名前

● 次《つぎ》の題材《だいざい》について、意見文《いけんぶん》を書《か》きましょう。

小学校《しょうがっこう》は、制服《せいふく》と私服《しふく》、どちらがよいか。

① あなたの主張《しゅちょう》はどちらですか。次《つぎ》の□から選《えら》んで、□に文《ぶん》を書《か》きましょう。

・小学校《しょうがっこう》は、制服《せいふく》がよい。
・小学校《しょうがっこう》は、私服《しふく》がよい。

（例）小学校は、私服がよい。

② あなたが①のように主張《しゅちょう》する理由《りゆう》を次《つぎ》の□から二《ふた》つ選《えら》んで、□に文《ぶん》を書《か》きましょう。（※自分《じぶん》で考《かんが》えた理由《りゆう》を書《か》いてもよいです。）

・理由《りゆう》は、学校《がっこう》の一員《いちいん》である自覚《じかく》をもてるからです。
・理由《りゆう》は、毎日着《まいにちき》る服《ふく》を考《かんが》えなくてよいからです。
・理由《りゆう》は、自分《じぶん》らしいおしゃれを楽《たの》しめるからです。
・理由《りゆう》は、気候《きこう》に合《あ》わせて服《ふく》そうを調節《ちょうせつ》できるからです。

（例）理由は、自分らしいおしゃれを楽しめるからです。

（例）理由は、気候に合わせて服そうを調節できるからです。

95頁

読《よ》み手《て》が納得《なっとく》する意見文《いけんぶん》を書《か》こう ③

名前

● 次《つぎ》の題材《だいざい》について、意見文《いけんぶん》を書《か》きましょう。

スーパーマーケットは、二十四時間営業《にじゅうよじかんえいぎょう》がよいか。

① あなたの主張《しゅちょう》はどちらですか。次《つぎ》の□から選《えら》んで、□に文《ぶん》を書《か》きましょう。

・スーパーマーケットは、二十四時間営業《にじゅうよじかんえいぎょう》がよい。
・スーパーマーケットは、二十四時間営業《にじゅうよじかんえいぎょう》でなくてよい。

（例）スーパーマーケットは、二十四時間営業でなくてよい。

② あなたが①のように主張《しゅちょう》する理由《りゆう》を次《つぎ》の□から選《えら》んで、□に文《ぶん》を書《か》きましょう。（※自分《じぶん》で考《かんが》えた理由《りゆう》を書《か》いてもよいです。）

・理由《りゆう》は、どんな時間《じかん》でも、買《か》い物《もの》ができて便利《べんり》だからです。
・理由《りゆう》は、スーパーマーケットで働《はたら》く人《ひと》の労働時間《ろうどうじかん》が増《ふ》えて、人《ひと》をやとうお金《かね》が高《たか》くつくからです。

（例）理由は、スーパーマーケットで働く人の労働時間が増えて、人をやとうお金が高くつくからです。

96頁

提案文《ていあんぶん》を書《か》こう ①

名前

● 次《つぎ》の内容《ないよう》について、提案文《ていあんぶん》を書《か》きましょう。

㋐〈初《はじ》め〉提案《ていあん》のきっかけ
朝《あさ》のあいさつができない人《ひと》が多《おお》い。

㋑〈初《はじ》め〉提案内容《ていあんないよう》
毎朝《まいあさ》、当番《とうばん》が門《もん》の所《ところ》であいさつをするとよい。

㋒〈中《なか》〉提案《ていあん》の理由《りゆう》
あいさつをすると、一日《いちにち》のスタートが気持《きも》ちよくなるから。

㋓〈終《お》わり〉今後《こんご》の願《ねが》い
みんながあいさつをするようにしたい。

● ㋐～㋓の文《ぶん》について、構成《こうせい》を考《かんが》えて提案文《ていあんぶん》を書《か》きましょう。

（例）
㋐ 朝のあいさつができない人が多いです。
㋑ そこで、わたしは、毎朝、当番が門の所であいさつをするとよいと思います。
㋒ なぜなら、あいさつをすると、一日のスタートが気持ちよくなるからです。
㋓ みんながあいさつをするようにしたいです。

97頁

提案文《ていあんぶん》を書《か》こう ②

名前

● 次《つぎ》の内容《ないよう》について、提案文《ていあんぶん》を書《か》きましょう。

㋐〈初《はじ》め〉提案《ていあん》のきっかけ
ろうかを走《はし》る人《ひと》がいる。

㋑〈初《はじ》め〉提案内容《ていあんないよう》
ポスターをろうかにはるとよい。

㋒〈中《なか》〉提案《ていあん》の理由《りゆう》
この前《まえ》、走《はし》って来《き》た人《ひと》とぶつかって、あぶないと思《おも》ったから。

㋓〈終《お》わり〉今後《こんご》の願《ねが》い
ろうかは、安全《あんぜん》に通行《つうこう》しよう。

● ㋐～㋓の文《ぶん》について、構成《こうせい》を考《かんが》えて提案文《ていあんぶん》を書《か》きましょう。

（例）
㋐ ろうかを走る人がいます。
㋑ そこで、わたしは、ポスターをろうかにはるとよいと思います。
㋒ なぜなら、この前、走って来た人とぶつかって、あぶないと思ったからです。
㋓ ろうかは、安全に通行しましょう。

98 頁

複合語《ふくごうご》を使《つか》った文作《ぶんづく》り ①-(1)

名前

● □から言葉《ことば》を選《えら》んで「飛《と》び――」という複合語《ふくごうご》を作《つく》り、（　）に書《か》きましょう。また、次《つぎ》の言葉《ことば》と（　）の複合語《ふくごうご》を使《つか》って、文《ぶん》を作《つく》りましょう。

(1)

① 小鳥《ことり》　空《そら》　飛《と》び――

（飛び回る）

小鳥が空を飛び回る。

② 物音《ものおと》　夜中《よなか》　飛《と》び――

（飛び起きる）

物音で夜中に飛び起きる。

回《まわ》る　起《お》きる

(2)

① 牧場《ぼくじょう》　馬《うま》　さく　飛《と》び――

（飛びこえる）

牧場の馬が、さくを飛びこえる。

② 路地《ろじ》　子《こ》ども　飛《と》び――

（飛び出す）

路地から子どもが飛び出す。

出《だ》す　こえる

99 頁

複合語《ふくごうご》を使《つか》った文作《ぶんづく》り ①-(2)

名前

● □から言葉《ことば》を選《えら》んで「――合《あ》う」という複合語《ふくごうご》を作《つく》り、（　）に書《か》きましょう。また、次《つぎ》の言葉《ことば》と（　）の複合語《ふくごうご》を使《つか》って、文《ぶん》を作《つく》りましょう。

(1)

① 手《て》　手《て》　――合《あ》う

（つなぎ合う）

手と手をつなぎ合う。

② 二人《ふたり》　歌声《うたごえ》　――合《あ》う

（ひびき合う）

二人の歌声がひびき合う。

ひびき　つなぎ

(2)

① こまった　とき　――合《あ》う

（助け合う）

こまったときには、助け合う。

② ぼく　田中《たなか》くん　ニックネーム　――合《あ》う

（よび合う）

ぼくと田中くんは、ニックネームでよび合う。

よび　助《たす》け

100 頁

複合語《ふくごうご》を使《つか》った文作《ぶんづく》り ②-(1)

名前

● ――線《せん》の複合語《ふくごうご》を□から選《えら》んで（　）に書《か》きましょう。また、次《つぎ》の言葉《ことば》と（　）の複合語《ふくごうご》を使《つか》って、文《ぶん》を作《つく》りましょう。

(1)

① 部屋《へや》　せまい　暑《あつ》い＋苦《くる》しい

（暑苦しい）

部屋がせまくて暑苦しい。

② もうすぐ　冬《ふゆ》＋休《やす》み　始《はじ》まる

（冬休み）

もうすぐ、冬休みが始まる。

冬休《ふゆやす》み　暑苦《あつくる》しい

(2)

① 青《あお》い＋白《しろ》い　光《ひかり》　見《み》えた

（青白い）

青白い光が見えた。

② いつも　好《す》きな　本《ほん》　持《も》つ＋歩《ある》く

（持ち歩く）

いつも好きな本を持ち歩く。

青白《あおじろ》い　持《も》ち歩《ある》く

101 頁

複合語《ふくごうご》を使《つか》った文作《ぶんづく》り ②-(2)

名前

● ――線《せん》の複合語《ふくごうご》を□から選《えら》んで（　）に書《か》きましょう。また、次《つぎ》の言葉《ことば》と（　）の複合語《ふくごうご》を使《つか》って、文《ぶん》を作《つく》りましょう。

(1)

① わたし　ビデオ＋カメラ　持《も》っている

（ビデオカメラ）

わたしは、ビデオカメラを持っている。

② 姉《あね》　ピアノ＋教室《きょうしつ》　通《かよ》っている

（ピアノ教室）

姉は、ピアノ教室に通っている。

ビデオカメラ　ピアノ教室

(2)

① 学校《がっこう》　来週《らいしゅう》　もち＋つく＋大会《たいかい》　ある

（もちつき大会）

学校で、来週もちつき大会がある。

② 国語《こくご》の時間《じかん》　漢字《かんじ》　聞《き》く＋取《と》る＋テスト　ある

（聞き取りテスト）

国語の時間に漢字の聞き取りテストがある。

聞《き》き取《と》りテスト　もちつき大会《たいかい》

本書の解答は，あくまでもひとつの例です。児童に取り組ませる前に，必ず指導される方が問題を解いてください。指導される方の作られた解答をもとに，児童の多様な考えに寄り添って○つけをお願いします。

102頁

伝《つた》わる表現《ひょうげん》を使《つか》った文作《ぶんづく》り ①

名前

● あの文《ぶん》を、一年生《いちねんせい》に向《む》けて書《か》き直《なお》しましょう。

あ

㋐雨天《うてん》のときの㋑通学《つうがく》は、目《め》の前《まえ》がよく見《み》えるように、かさを㋒持《も》つこと。

・文中《ぶんちゅう》の――線《せん》㋐～㋒の言葉《ことば》を、一年生《いちねんせい》にも伝《つた》わるやさしい言葉《ことば》に直《なお》しました。

㋐ 雨天《うてん》の → 雨《あめ》がふる
㋑ 通学《つうがく》 → 学校《がっこう》への行《い》き帰《かえ》り
㋒ 持《も》つこと → 持《も》ちましょう

・一年生《いちねんせい》に向《む》けて直《なお》したやさしい言葉《ことば》を使《つか》って、あの文《ぶん》を書《か》き直《なお》しましょう。

雨がふるときの学校への行き帰りは、目の前がよく見えるように、かさを持ちましょう。

103頁

伝《つた》わる表現《ひょうげん》を使《つか》った文作《ぶんづく》り ②

名前

● あの文《ぶん》をお世話《せわ》になった方《かた》へ、感謝《かんしゃ》の気持《きも》ちを伝《つた》える文《ぶん》に書《か》き直《なお》しましょう。

あ

この前《まえ》は、ぼくが落《お》とした本《ほん》を㋐とどけてくれて、助《たす》かりました。見《み》つかってとても㋑うれしかったよ。本当《ほんとう》に、㋒ありがとう。

・文中《ぶんちゅう》の――線《せん》㋐～㋒の言葉《ことば》を、お世話《せわ》になった方《かた》に向《む》けてていねいな言葉《ことば》に直《なお》しました。

㋐ とどけてくれて → とどけてくださって
㋑ うれしかったよ → うれしかったです
㋒ ありがとう → ありがとうございました

・お世話《せわ》になった方《かた》に向《む》けて直《なお》したていねいな言葉《ことば》を使《つか》って、あの文《ぶん》を書《か》き直《なお》しましょう。

この前は、ぼくが落とした本をとどけてくださって、助かりました。見つかってとてもうれしかったです。本当に、ありがとうございました。

104頁

すいせんする文章《ぶんしょう》を書《か》こう ①

名前

● 次《つぎ》のように、本《ほん》をすいせんする文章《ぶんしょう》の組《く》み立《た》てを考《かんが》えました。

相手《あいて》	本《ほん》が好《す》きな人《ひと》
すいせんする本《ほん》	「みどりのゆび」
本《ほん》の内容《ないよう》	不思議《ふしぎ》な力《ちから》をもつ「みどりのゆび」。ろうやや、病院《びょういん》を花《はな》や緑《みどり》で包《つつ》む。
理由《りゆう》	戦争《せんそう》と平和《へいわ》について考《かんが》えてほしいから。

● すいせんする文章《ぶんしょう》を完成《かんせい》させましょう。

本が好きな人 へ

「みどりのゆび」の本《ほん》をすいせんします。

この本《ほん》は、不思議《ふしぎ》な力《ちから》をもつ「みどりのゆび」のお話《はなし》です。ろうやや、病院《びょういん》を花《はな》や緑《みどり》で包《つつ》みます。

すいせんする理由《りゆう》は、

戦争と平和について考えてほしいから

です。

105頁

すいせんする文章《ぶんしょう》を書《か》こう ②

名前

● 次《つぎ》のように、本《ほん》をすいせんする文章《ぶんしょう》の組《く》み立《た》てを考《かんが》えました。

相手《あいて》	生《い》き物《もの》が好《す》きな人《ひと》
すいせんする本《ほん》	「日本《にほん》にしかいない生《い》き物図鑑《ものずかん》」
本《ほん》の内容《ないよう》	ほにゅう類《るい》だけでなく、鳥《とり》やこん虫《ちゅう》などさまざまな日本固有種《にほんこゆうしゅ》を取《と》り上《あ》げ、その進化《しんか》と生態《せいたい》のひみつを解説《かいせつ》している。
理由《りゆう》	興味深《きょうみぶか》いことがらが、くわしく書《か》いてあるから

● すいせんする文章《ぶんしょう》を書《か》きましょう。

生き物が好きな人 へ

「日本にしかいない生き物図鑑」の本《ほん》をすいせんします。

この本《ほん》は、ほにゅう類《るい》だけでなく、鳥《とり》やこん虫《ちゅう》などさまざまな日本固有種《にほんこゆうしゅ》を取《と》り上《あ》げ、その進化《しんか》と生態《せいたい》のひみつを解説《かいせつ》しています。

すいせんする理由《りゆう》は、

興味深いことがらが、くわしく書いてあるから

です。

106頁

新聞《しんぶん》記者《きしゃ》になって文作《ぶんづく》り ①

名前

● 新聞《しんぶん》記者《きしゃ》になって、出来事《できごと》を報道《ほうどう》する文《ぶん》を作《つく》りましょう。□の言葉《ことば》を使《つか》いましょう。

①

「いつ」 昨日《きのう》の午後《ごご》
「どこで」 国会《こっかい》
「だれが」 総理大臣《そうりだいじん》
「何《なに》を」 少子化対《しょうしかたい》さくに ついて
「どうした」 語《かた》った

昨日の午後、国会で総理大臣が少子化対さくについて語った。

②

「いつ」 昨夜《さくや》
「何《なに》が」 台風《たいふう》
「どこに」 沖縄《おきなわ》
「どうだ」 急接近《きゅうせっきん》した

昨夜、台風が沖縄に急接近した。

③

「いつ」 本日《ほんじつ》の早朝《そうちょう》
「何《なに》が」 飛行機《ひこうき》
「どうして」 落《らく》らいのため
「どうした」 欠航《けっこう》した

本日の早朝、飛行機が落らいのため欠航した。

107頁

新聞《しんぶん》記者《きしゃ》になって文作《ぶんづく》り ②

名前

● 新聞《しんぶん》記者《きしゃ》になって、出来事《できごと》を報道《ほうどう》する文《ぶん》を作《つく》りましょう。□の言葉《ことば》を使《つか》いましょう。

①

「どんな」 梅《うめ》の名所《めいしょ》
「どこは」 大森神社《おおもりじんじゃ》
「いつ」 今《いま》
「何《なに》が」 梅《うめ》
「どうだ」 満開《まんかい》だ

梅の名所、大森神社は今、梅が満開だ。

②

「どんな」 地元出身《じもとしゅっしん》
「だれが」 田中選手《たなかせんしゅ》
「何《なに》に」 サッカーの試合《しあい》
「どうした」 出場《しゅつじょう》した

地元出身の田中選手がサッカーの試合に出場した。

③

「いつ」 昨日《きのう》
「どこで」 河川《かせん》じき公園《こうえん》
「何《なに》が」 市民《しみん》マラソン大会《たいかい》
「どうした」 行《おこな》われた

昨日、河川じき公園で市民マラソン大会が行われた。

108頁

考《かんが》えや気持《きも》ちを伝《つた》える言葉《ことば》を使《つか》った文作《ぶんづく》り ①-(1) 人物《じんぶつ》を表《あらわ》す言葉《ことば》

名前

● 次《つぎ》の文《ぶん》に合《あ》う「人物《じんぶつ》を表《あらわ》す言葉《ことば》」を□から選《えら》び、文《ぶん》を完成《かんせい》させましょう。

(1)

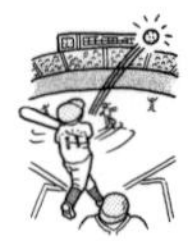

① 父は、考えを決めたら人の意見を聞かないがんこな性格だ。

② 力持ちの兄は、ごうかいにバットをふった。

ごうかい　がんこ

(2)

① 姉は、せっかちなので、レストランで待つことがきらいだ。

② 道が暗かったので、しんちょうに歩いた。

せっかち　しんちょう

109頁

考《かんが》えや気持《きも》ちを伝《つた》える言葉《ことば》を使《つか》った文作《ぶんづく》り ①-(2) 事物《じぶつ》を表《あらわ》す言葉《ことば》

名前

● 次《つぎ》の文《ぶん》に合《あ》う「事物《じぶつ》を表《あらわ》す言葉《ことば》」を□から選《えら》び、文《ぶん》を完成《かんせい》させましょう。

(1)

① 試合に負けたので、選手は明らかに落ちこんでいる。

② 駅前のお店のケーキは、評判がいい。

明《あき》らかに　評判《ひょうばん》がいい。

(2)

① あざやかな黄色の花がかざられている。

② 祖父は、すぐれた小説家だ。

すぐれた　あざやかな

解答例

本書の解答は，あくまでもひとつの例です。児童に取り組ませる前に，必ず指導される方が問題を解いてください。指導される方の作られた解答をもとに，児童の多様な考えに寄り添って○つけをお願いします。

110頁

考《かん》えや気《き》持《も》ちを伝《つた》える言葉《ことば》を使《つか》った文作《ぶんづく》り ①-(3) 考《かん》え方《かた》を表《あらわ》す言葉《ことば》

名前

● 次《つぎ》の文《ぶん》に合《あ》う「考《かん》え方《かた》を表《あらわ》す言葉《ことば》」を □ から選《えら》び、文《ぶん》を完成《かんせい》させましょう。

① 玉入れは、赤組が勝つ
と思われる。

② 父は、最近太りだした。
原因として考えられるのは、
食べ過ぎと運動不足だ。

③ これらの楽器について、大きさ
の点で比べると、チェロは、
バイオリンよりも大きい。

の点《てん》で比《くら》べると、　と思《おも》われる。
原因《げんいん》として考《かん》えられるのは、

111頁

考《かん》えや気《き》持《も》ちを伝《つた》える言葉《ことば》を使《つか》った文作《ぶんづく》り ①-(4) 心情《しんじょう》を表《あらわ》す言葉《ことば》

名前

● 次《つぎ》の文《ぶん》に合《あ》う「心情《しんじょう》を表《あらわ》す言葉《ことば》」を □ から選《えら》び、文《ぶん》を完成《かんせい》させましょう。

(1)

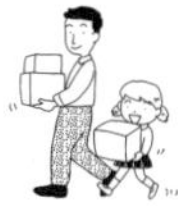

① 先生が手伝ってくださるので、
心強い。

② リレーで最後に逆転ゆう勝した
ので、むねがすく思いだ。

むねがすく　心強《こころづよ》い。

(2)

① 外国で文化のちがいに
とまどう。

② こわがりなので、おばけやしきに
行くのは、気が進まない。

とまどう。　気《き》が進《すす》まない。

112頁

考《かん》えや気《き》持《も》ちを伝《つた》える言葉《ことば》を使《つか》った文作《ぶんづく》り ②-(1)

名前

● ――線《せん》の考《かん》えや気《き》持《も》ちを伝《つた》える言葉《ことば》を使《つか》って、文《ぶん》を作《つく》りましょう。

① わたしの妹《いもうと》
おっとり
性格《せいかく》

(なぞって書《か》きましょう。)

わたしの妹は、
おっとりとした
性格だ。

② 森《もり》さん
学校《がっこう》
一《いち》、二《に》を争《あらそ》う
クイズ王《おう》

(続《つづ》けて書《か》きましょう。)

森さんは、学校で
一、二を争う
クイズ王だ。

③ パーティー
会場《かいじょう》
はなやかな
ふんい気《き》

(書《か》きましょう。)

パーティーの会場は、
はなやかな
ふんい気だ。

113頁

考《かん》えや気《き》持《も》ちを伝《つた》える言葉《ことば》を使《つか》った文作《ぶんづく》り ②-(2)

名前

● ――線《せん》の考《かん》えや気《き》持《も》ちを伝《つた》える言葉《ことば》を使《つか》って、文《ぶん》を作《つく》りましょう。

① わたしたち
本当《ほんとう》
仲間《なかま》
だといえる

(なぞって書《か》きましょう。)

わたしたちは、本当の
仲間だといえる。

② うれしい
ニュース
聞《き》く
クラスのみんな
声《こえ》がはずむ

(続《つづ》けて書《か》きましょう。)

うれしいニュースを
聞いて、クラスの
みんなの声がはずむ。

③ テニス選手《せんしゅ》
見事《みごと》な
プレー
ほれぼれする

(書《か》きましょう。)

テニス選手の
見事なプレーに
ほれぼれする。

114頁

比《くら》べるときの表現《ひょうげん》を使《つか》った文作《ぶんづく》り ①

名前

● 次《つぎ》の文《ぶん》に合《あ》う比《くら》べるときの表現《ひょうげん》を□から選《えら》んで、文《ぶん》を完成《かんせい》させましょう。

(1)

① 東京タワーよりも東京スカイ ツリーの ほうが 高い。

② クラスで 最も 走るのが 速いのは、山田さんだ。

最《もっと》も　ほうが

(2)

① わたしにとって、算数は国語 より むずかしい。

② カレイは、速さの点で マグロに おとる。

おとる。　より

115頁

比《くら》べるときの表現《ひょうげん》を使《つか》った文作《ぶんづく》り ②

名前

● 次《つぎ》の文《ぶん》に合《あ》う比《くら》べるときの表現《ひょうげん》を□から選《えら》んで、文《ぶん》を完成《かんせい》させましょう。

(1)

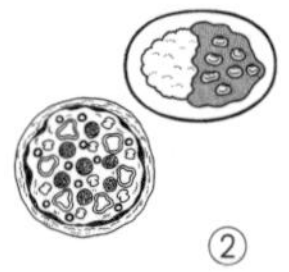

① 父の部屋は、わたしの部屋 よりも 広い。

② ぼくが一番目に好きな料理は カレーで、二番目 はピザだ。

二番目《にばんめ》　よりも

(2)

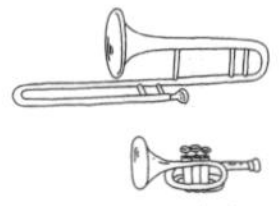

① トロンボーンは、トランペットに 比べて 大きい。

② シマウマは、速さの点で ラクダに まさる。

比《くら》べて　まさる。

116頁

かなづかいに気《き》をつけた文作《ぶんづく》り ①

名前

● ——線《せん》の言葉《ことば》を正《ただ》しいかなづかいに直《なお》して、（　）に書《か》きましょう。また、次《つぎ》の言葉《ことば》と（　）の言葉《ことば》を使《つか》って、文《ぶん》を作《つく》りましょう。

① 弟《おとうと》　をやつ　食《た》べた

（おやつ）

（なぞって書《か》きましょう。）

弟がおやつを食べた。

② そうゆうとき　学校《がっこう》　連《れん》らくする

（そういうとき）

（書《か》きましょう。）

そういうときは、学校に連らくする。

③ おねいさん　道《みち》　たずねた

（おねえさん）

（書《か》きましょう。）

おねえさんに道を たずねた。

117頁

かなづかいに気《き》をつけた文作《ぶんづく》り ②

名前

● ——線《せん》の言葉《ことば》を正《ただ》しいかなづかいに直《なお》して、（　）に書《か》きましょう。また、次《つぎ》の言葉《ことば》と（　）の言葉《ことば》を使《つか》って、文《ぶん》を作《つく》りましょう。

① はたし　動物園《どうぶつえん》　おうかみ　見《み》た

（わたし）

（おおかみ）

（なぞって書《か》きましょう。）

わたしは、動物園で おおかみを見た。

② 弟《おとうと》　こけて　はなじ　出《で》た

（はなぢ）

（続《つづ》けて書《か》きましょう。）

弟がこけて、はなぢが出た。

③ ぼく　飼《か》っている　犬《いぬ》　毛《け》　ちじれている

（ちぢれている）

（書《か》きましょう。）

ぼくの飼っている犬は、毛がちぢれている。

本書の解答は，あくまでもひとつの例です。児童に取り組ませる前に，必ず指導される方が問題を解いてください。指導される方の作られた解答をもとに，児童の多様な考えに寄り添って○つけをお願いします。

118頁

四年生《よねんせい》で学《まな》んだ漢字《かんじ》を使《つか》った文作《ぶんづく》り ①

名前

● 次《つぎ》の言葉《ことば》を使《つか》って、文《ぶん》を作《つく》りましょう。（――線《せん》の漢字《かんじ》は、四年生《よねんせい》で習《なら》った漢字《かんじ》です。）

① 牧場《ぼくじょう》　周《まわ》り　清流《せいりゅう》

（なぞって書《か》きましょう。）

牧場の周りに清流が流れている。

② 灯台《とうだい》　明《あ》かり　漁船《ぎょせん》　照《て》らす

（続《つづ》けて書《か》きましょう。）

灯台の明かりが漁船を照らす。

③ 給食《きゅうしょく》　用意《ようい》　協力《きょうりょく》

（書《か》きましょう。）

給食の用意に協力する。

118

119頁

四年生《よねんせい》で学《まな》んだ漢字《かんじ》を使《つか》った文作《ぶんづく》り ②

名前

● 次《つぎ》の言葉《ことば》を使《つか》って、文《ぶん》を作《つく》りましょう。（――線《せん》の漢字《かんじ》は、四年生《よねんせい》で習《なら》った漢字《かんじ》です。）

① 試験《しけん》　熱《ねつ》　欠席《けっせき》

（なぞって書《か》きましょう。）

試験の日に熱が出て、欠席した。

② 目標《もくひょう》　英語《えいご》　上達《じょうたつ》

（続《つづ》けて書《か》きましょう。）

目標は、英語が上達することだ。

③ 受付《うけつけ》　氏名《しめい》　書《か》く

（書《か》きましょう。）

受付で氏名を書く。

119

喜楽研の支援教育シリーズ
もっと　ゆっくり　ていねいに学べる　個別指導に最適
作文ワーク 基礎編 5-②「読む･写す･書く」 光村図書・東京書籍・教育出版の教科書教材より抜粋

2023 年 4 月 2 日

イ ラ ス ト：山口　亜耶・日向　博子・白川　えみ　他
表紙イラスト：鹿川　美佳
表紙デザイン：エガオデザイン
企 画 ・ 編 著：原田　善造・あおい　えむ・堀越　じゅん・今井　はじめ・さくら　りこ
中　あみ・中　えみ・中田　こういち・なむら　じゅん・はせ　みう
ほしの　ひかり・みやま　りょう（他４名）
編 集 担 当：岡口　洋輔・田上　優衣

発　行　者：岸本　なおこ
発　行　所：喜楽研（わかる喜び学ぶ楽しさを創造する教育研究所：略称）
〒604-0827　京都府京都市中京区高倉通二条下ル瓦町 543-1
TEL 075-213-7701　FAX 075-213-7706　HP https://www.kirakuken.co.jp
印　　　刷：株式会社米谷

ISBN : 978-4-86277-442-2

Printed in Japan